鳥羽伏見の砲声

徳川幕府終焉の舞台裏

星亮一 著

三修社

はじめに

鳥羽伏見の戦争は、幕府の瓦解《がかい》を決定付けるものだった。

徳川幕府の十五代将軍徳川慶喜《よしのぶ》は、先祖の徳川家康に比べれば、なんとも情けない人物だった。薩摩の西郷隆盛や大久保利通《としみち》、岩倉具視《ともみ》らの謀略に遭い、一瞬にして将軍の座から引きずり落とされた。どこから考えても大政奉還は、危ういものだった。にもかかわらず慶喜は、大政奉還は正しい道と信じ、江戸の幕府閣僚にもまったくはからず独断で決めた。

大政奉還後に開かれる大名会議ですんなり日本国の総理大臣に選ばれると考えていた。結果はまったく逆だった。幕府は廃止され、慶喜は朝敵と糾弾された。思わせぶりな密勅が発令され、慶喜は京都から追放された。

京都守護職松平容保《かたもり》も解任された。ここで慶喜は初めて我に返った。大坂に引き揚げた慶喜は「一時の迷いだった」と大政奉還は撤回し、薩摩や長州、それに与《くみ》した公家衆《くげしゅう》を誅伐すると「挙正退奸の上表」を作成、大坂から京都に向けて兵を出した。

鳥羽伏見の戦争である。

しかし一万五千の幕府軍が五千の薩摩、長州軍に、もろくも敗退した。なぜどうしてという大きな疑問が残る戦争だった。幕府の運命を決した鳥羽伏見、その戦いの全貌に迫ったのが、この本である。

幕府瓦解の原因はいくつもあるのだが、八年前に起こった桜田門外の変が日本の政治を決定的に変える要因になった。時の大老井伊直弼《なおすけ》暗殺という前代未聞の出来事が、幕末激動の幕開けだった。以後、幕府は急速に弱体化し、明治の革命となるのである。

この八年間は、まさに怒涛《どとう》の時代だった。天皇の発言が重みを加え、井伊直弼死後の日本の政治は孝明《こうめい》天皇が牛耳《ぎゅうじ》った時代であった。

天皇は激しい気性で独自の発言を続け、幕府が進める開国政策には反対し、幕府は窮地に陥れられた。その天皇が突然、謎に満ちた死を遂げるや、政局は薩摩、長州の時代に移り、十五代将軍慶喜は一発逆転の大政奉還に出た。

西郷と大久保は岩倉とともに、慶喜に朝敵の汚名を着せて戦闘に持ち込み、鳥羽伏見で快勝し、日本を大きく変え、明治維新を成し遂げる。しかし、それは薄氷《はくひょう》を踏む思いの戦いだった。

戦略一つでどちらにも勝機があった。明治維新は、慶喜の自滅によって転がりこんだものだった。この波に乗り遅れた東北、越後は逆賊の汚名を着せられ、痛恨の明治を迎えることになる。日本の運命を変えた八年間、その幕切れが鳥羽伏見の戦争だった。

なお、扉および本文中で使用している鳥羽伏見の戦いの絵図は、武藤敏治氏所有の『戊辰戦記』より使用したものである。感謝申し上げる。

目次

鳥羽伏見の砲声

——徳川幕府終焉の舞台裏

［扉写真］鳥羽の戦い

第一章

井伊直弼斬殺

旧今和泉島津家跡の石垣

直弼の決断

平成二十年のNHK大河ドラマ『篤姫』は好評だった。私はその年晩秋に鹿児島を訪ね、そのフィーバーぶりをこの目で見た。指宿《いぶすき》の旧今和泉《いまいずみ》島津家の領地は、錦江湾《きんこうわん》に面した風光明媚《ふうこうめいび》なところだった。

テレビに登場した別邸は現在、今和泉小学校に変わっており、石垣や松林、篤姫も使ったとされる手水鉢《ちょうずばち》が残されていた。ここで篤姫は十八歳まですごしたとされているが、ここで生まれたわけではなく、生家は現在の鹿児島市の大龍小学校の西隣にあった本邸で、敷地は四千六百坪もあったという。篤姫はここの姫君だったのである。

篤姫は大老井伊直弼を好きではなかった。島津家の領主島津斉彬《なりあきら》は、次期将軍に一橋《ひとつばし》慶喜を推し、直弼は紀州の慶福《よしとみ》を推していたからである。しかし夫である十三代将軍家定《いえさだ》は、慶福派だった。篤姫は家定に従い、紀州を推すことになる。大老井伊直弼には、しばしば会っていた。

　その直弼が事もあろうに桜田門外で暗殺されたのは、安政七年（一八六〇）三月三日である。大老に就任してわずか二年目、享年四十五歳だった。まだまだこれからというときに無念の死を

若き日に井伊直弼が住んだ埋木舎（上）と彦根城（下）

遂げた。これが幕末大動乱の始まりだった。

大河ドラマでも篤姫が呆然としてこの知らせを聞くシーンがあった。これは幕末史上、二番目の大テロ事件だった。一番は長州藩の軍勢が御所に攻め込んだ禁門の変である。このとき、長州藩は幕府に全面謝罪し、家老三人が切腹となった。

一体、大老暗殺というテロ事件がなぜ起こったのか。

結論から先にいえば、幕府御三家の一つ水戸家の反乱だった。直弼は開国政策をとり、将軍家定の全幅の信頼を受け、アメリカ公使ハリスとの間で、日米修好通商条約の調印に踏み切った。時の孝明天皇は調印に反対しており、それを待っていては、日米間に摩擦が生じ、戦争の危険も生じるという大局的判断からだった。一国の総裁としてこれは、当然のことだった。これに水戸の徳川斉昭《なりあき》は噛み付いた。斉昭は「条約調印は違勅である」と不時登城した。

江戸城への登城は大名によって日にちと時間が決まっていた。急遽、登城する場合は、あらかじめ届け出て許可をもらう必要があった。斉昭はこれを無視し、尾張藩主徳川慶恕《よしくみ》、福井藩主松平慶永《よしなが》、自分の子息水戸藩主徳川慶篤《よしあつ》らをつれて不意に登城して抗議し、さらに次期将軍は、これも子息の一橋慶喜を当てるよう強引に申し入れた。

直弼は怒り、全員に隠居や謹慎、書通往復禁止、当分登城禁止などの処分を下した。身分は斉昭の方が高かったが、直弼は大老の職権で、断固、厳しい処分を下した。朝廷と幕府の関係も緊迫の度を深めた。

水戸藩は朝廷筋に救済を依頼した。これもおかしなことだった。大老がいうことを聞かないので、朝廷から聞くように直弼に命令してください。言うなればそのような願いだった。それが通った。

「戊午《ぼご》の密勅」である。関白九条尚忠《くじょうひさただ》不在のまま決められ、水戸藩に勅諚《ちょくじょう》が下された。その内容は幕府の無断調印や尾張、水戸への処罰に疑義を呈し、幕府は御三家、三卿、家門、列藩と協議し国政を進めよというものだった。従来、朝廷は政治に関与せずだった。それが公然と政治に関与を始めたことになる。それを求めたのは水戸藩という構図になる。

幕府政治の危機だった。これが拡大していけば、幕府の権限はあってなきが如しになる。直弼はこれに関与した人物を洗い出し、朝廷の関係者二十人を筆頭に幕臣、諸国の藩士、神職、僧侶、商人、農民七十人近くを捕らえ、そのうち八人を死刑にした。おそらく苦悩の決断であったろう。この中に吉田松陰《しょういん》、橋本左内《さない》、頼三樹三郎《らいみきさぶろう》らがいた。安政の大獄である。

水戸藩では家老安島帯刀《あじまたてわき》切腹、茅根伊予之介《ちのねいよのすけ》、鵜飼吉左衛門《うがいきちざえもん》死罪、鵜飼幸吉《こうきち》が獄門に処せられた。これは極めて厳しいものだった。水戸の人々は大いに恨んだ。とかげの尻尾きりのようなニュアンスが強かった。水戸藩内に激しい動揺が走った。

越前の橋本左内には見込み違いがあった。もとより橋本には特別の罪はなかった。尋問の際に、密勅降下の運動は主人である松平慶永の命により行なったと正直に答えたため慶永の身代わりになって処刑された。

「なぜ主君をいさめなかった」

と詰問されたが、これは無理というものだった。

これをもって直弼を冷酷無残とする見方と、やむを得なかったとする見方と二つがある。ともあれ水戸は直弼を恨んだ。直弼は密勅を朝廷に返すよう迫ったが、水戸は頑として返還を拒否した。やがて直弼暗殺の密謀が始まった。

密謀

安政七年正月、水戸藩過激派の木村権之衛門《ごんのえもん》、畑弥平《はたやへい》、内藤文七郎の三人が、ひそかに水戸を出て江戸の薩摩藩邸に潜入した。

薩摩藩で対応に当たったのは、有村雄助、有村次左衛門《じざえもん》、田中直之進らである。木村は直弼のほかに安藤信正《のぶまさ》、直弼の娘の嫁ぎ先である溜間《たまりのま》詰の高松藩侯も誅殺するといい、薩摩藩の協力を求めた。その中身は、薩摩藩邸の近くに五十人の潜居場所を提供してもらいたい、さしあたり三人は親戚の名目で、匿ってほしいというものだった。

御三家の水戸藩が、半ば公然と大老暗殺のテロ活動に入ったのである。

薩摩藩もこれに賛意を示し、東西から呼応して大老を暗殺することで意見の一致を見た。御三家の水戸藩と外様の雄、薩摩藩が結託して大老を暗殺しようというのである。その結果、なにが起こるのか、水戸藩は目先のことに終始し、未来展望に欠けた謀議といえた。なぜなら、それは限りなく幕府崩壊につながる行為だったからである。

正月十七、八日頃、水戸藩の上層部の高橋多一郎、金子孫二郎らも加わり二十数カ条にわたる要撃の方針を決定した。高橋は斉昭側近で奥右筆《ゆうひつ》頭取、金子は郡《こおり》奉行を務めた人物である。高橋は大坂で薩摩藩士と挙兵計画を練る役割だった。金子は井伊襲撃の総指揮者であった。

つまり高橋と金子が、直弼暗殺の首謀者だった。

この時期の水戸藩の裏事情に詳しいのは山川菊栄《きくえ》である。明治二十二年生まれ、津田塾を卒業後、女性解放運動に取り組み、戦後、昭和二十二年から四年間、労働省婦人局長を務めた女性である。夫の山川均も社会運動家だった。

一見、歴史研究とは縁がなさそうに見えるが、菊栄の祖父青山延寿《のぶとし》は水戸弘道館の教授頭取を勤めた斉昭側近の一人で、膨大な日記や書簡を残していた。菊栄は子供の頃から聞きかじった思い出話、親戚古老のこぼれ話なども加えて『覚書幕末の水戸藩』を書いた。この本を抜きにして幕末の水戸藩は語れない。

朝日新聞社がまとめた『明治維新のころ』にも山川は一文を寄せていたが、その中に、金子と高橋の事もあった。金子は斉昭蟄居《ちつきょ》の赦免を願うために、江戸に出て幕府や紀州、尾張藩に陳情を繰り返したが、有力な決め手となったのは、大奥の女中に金品を贈り、将軍にとりなしを頼んだことだった。大河ドラマ『篤姫』で大奥の威力は十分に理解できたが、有効な手だては、どうやら賄賂だった。

金子は直弼をひどく恨んでいた。高橋は情熱的で激しい性格の持ち主だった。高橋について藤田東湖《とうこ》は「あれは畳の上では死ねない」といっていたという。金子は、郡奉行という要職にもかかわらず、農山村を歩くときは、粗末な服装で、わらじ履き、自分の足で山路を歩き、民情を視察した。まじめな人物だった。それゆえに、すべてを生真面目に考え、直弼暗殺にたどりついたのだろう。付和雷同ではなく、主君斉昭に命を捧げるという気持ちで、謀議を進めたに違いなかった。

視野が狭いといえばそれまでだが、当時、家臣の気持ちはそのようなものだったろう。

襲撃のあらまし

直弼暗殺の作戦は次のようなものだった。（『水戸市史』中巻）

一、斬奸の日にちは二月十日前後とする。
二、勅書返納の不可を各方面に働きかける。
三、日米修好通商条約の撤回をするよう朝廷に働きかける。
四、薩摩は三千の兵を出し、京都を守護する。
五、勅書奉還の名目で、水戸藩より百人ないし二百人を守衛として下向させる。
六、木曽街道、東海道にも水戸藩から人数を差し出す。
七、斬奸の上は、首級を南品川まで馬で運び、それより舟路のこと。
八、浅草観音へ夜五つ時、百度参りのこと。「カン」と問えば「オン」と答える。
九、提灯はぶら提灯で、上の方に桜花一本をつけること。

十、浅草出会いで江戸に入り、潜伏は五日限りとする。

井伊大老の首級を京都まで運び、晒し首にするという宣伝効果を狙ったやり方だった。加えて三千の薩摩藩兵が上洛、御所を守るというものだった。これはクーデターであり、幕府への批判だった。

水戸藩首脳はこの段階に来て、さすがに危険すぎると判断した。藩ぐるみとなれば水戸藩はつぶされることは必定《ひつじよう》である。この動きを幕府に通達し、食い止めをはかることが必要と判断した。水戸藩が通告したのは、高橋多一郎、関鉄之介《せきてつのすけ》、吉成恒次郎《つねじろう》、林忠左衛門《ちゆうざえもん》、広岡子之次郎《ねのじろう》、森五六郎《ごろくろう》、浜田平介の七人である。連絡を受けた幕府は町奉行、勘定奉行、付近の諸藩にまで逮捕を命じ、当時としては一応、厳戒態勢をとった。しかし、至るところ抜け穴だらけだった。

大坂で指揮を執る予定の高橋多一郎は二月二十二日の夜、嫡男らを連れて水戸を脱け、商人になりすまし中山道《なかせんどう》を通って大坂に向かった。十八日の白昼、家を出た関鉄之介は藩当局の動きが身近に迫るや深笠をかぶり、看守の目を尻目に悠々と旅姿で立ち去った。

つまり看守は形式的なもので、知っていながら見逃していた。藩ぐるみの行動といってよかった。

江戸潜伏

江戸における大老襲撃の総師金子孫二郎が出てきたことで、襲撃の謀議はこと細かに進められた。金子は薩摩藩邸の長屋に潜居し、有村雄助や弟の次左衛門と協議した。この段階で目標は井伊大老一人に絞られた。最後のつめが行われたのが三月一日だった。日本橋西河岸の山崎屋に水戸と薩摩の関係者が集まり、三月三日を決行の日と決め、襲撃の場所は桜田門外とする事も決まった。そして規約五条が決められた。

一、武鑑を携え、諸家の道具鑑定の体をなす。
一、四、五人で組み、互いに応援する。
一、初めに先供《さきども》に討ちかかり、駕籠脇が狼狽するのを見て、元悪を討ち取る。
一、元悪の首級を必ず揚げる。
一、負傷したものは自殺、または閣老に自訴する。そのほかのものは、京都に向かうべし。

と強い意志が示されていた。

決行の前日、実行部隊は品川の妓楼相模屋に集まった。列席したのは、野村彝之介《つねのすけ》、木村権之衛門、関鉄之介、佐野竹之介、黒沢忠三郎《ちゅうさぶろう》、斎藤監物《けんもつ》、大関和七郎《おおぜきわしちろう》、広岡子之次郎、山口辰之介、森五六郎、稲田重蔵《いなだじゅうぞう》、鯉淵要人《こいぶちかなめ》、森山繁之介、岡部三十郎、蓮田《はすだ》正実、杉山弥一郎、広木有良、海後磋磯之介《かいごさきのすけ》、佐藤鉄三郎の十九人だった。総帥の金子と薩摩の有村兄弟は欠席だった。

三月三日の朝、各自は集合場所の愛宕山《あたご》に向かった。集まったのは十八人だった。

黒雲、天を覆い、飛雪が舞う悪天候だった。

これぞ吉兆と皆が思った。相手は寒さで体がちぢみ、自由に動けぬはずだった。愛宕山には久慈郡袋田村の豪農桜岡八郎が姿を見せ、金子百両を大薬缶《やかん》の底に敷き並べて、その上に赤飯を詰めて届けた。京都に向かう場合は無論のこと、潜居にも資金は必要だった。それにしても秘密が漏れていたことになるが、桜岡は以前からの支援者であり、桜岡にはすべて情報が入っていた。

大老襲撃

同志十八人は午前八時頃、桜田門外に到着した。

門の傍らには傘見世《みせ》が二軒出ていた。そこに入りこんで茶碗酒を飲むものもいた。総指揮者の関は、武鑑《ぶかん》を手に行きつ戻りつした。

この朝、直弼は一面の銀世界を見て、驚いた。少し寝坊をした。

「殿さま、ひどい雪ですわ。桃の節句もこれではね」

と、女たちがいった。積雪が、なんと七寸もあるという。

「それにしても、ひどい天気だ」

直弼は庭を見やった。今日は将軍家茂に、節句の賀詞を述べなければならない。早々に支度を整えた。この日の供が何人だったのか、記述はさまざまである。彦根藩の資料では総勢六十人ほどとある。

直弼が出かける際に供の者が外の様子を見ることにしていた。

この一カ月ほど前から、登城の際、屋敷の周辺を見回ることにしている。これは足軽や草履取りの役目だが、皆が神経過敏になっていた。

しかし、この日はひどい悪天候である。こんな日に襲ってくる者など、いるわけがない。

江戸城角櫓

いささか先入観もあったが、用人の宇津木六之丞はそう判断した。

この雪で表の人も少なく、特に変わった様子はなかった。雪が降っているので、全員、雨合羽をつけ、刀には雪水を防ぐため柄袋をつけた。

直弼を守る供目付の河西《かわにし》忠左衛門《ちゅうざえもん》は、柄袋を外した。万が一、敵に襲われた場合、すぐに刀を抜いて防戦しなければならない。そう思ったが、外は何でもないというので、忠左衛門はふたたび柄袋をつけた。

家老の岡本半介、六之丞らに見送られて、直弼が太りぎみの体を揺すりながら、玄関に姿を現した。

「今日は節句だ。なるべく早く帰ることにいたそう」

直弼はそう考えて屋敷を出た。母衣《ほろ》役の長野十之丞が駕籠の前を歩き、供頭の日下部《くさかべ》三郎右衛門が右に、河西は右後ろに付いた。いつものとおり駕籠は桜田門に向かって進みだした。

日下部が不審者に気づいた。それは雨合羽の数人の男たちだった。

「さがれ、さがれ、何者ッ」

日下部が叫び、供目付の沢村軍六《ぐんろく》が近づこうとして、いきなり斬りつけられた。日下部は抜刀する余裕がなく斬り倒され、沢村も殺された。これで警護は一気に崩れた。

それでも従者たちが警護を立て直そうとしたとき、突然、拳銃が発射され、機先を制せられた。そこへ水戸の暗殺隊が、疾風のように駕籠に突進、刀を突き立てた。直弼は瞬時にして命を奪われ、首を切り落とされた。

桜田門付近は大名小路なので、目撃者は多かった。『覚書幕末の水戸藩』にいくつかの証言が記載されている。

「今朝、井伊様ご登城を見ていると、松平大隈守邸前で、何者かが、七、八人、行列へ抜刀で切りこんだ様子だが、何分、多勢の斬りあいで確かな様子は分からない。その節、黒羽織袴で股立ちをとり、傷を負った者が一人、当辻番所の前へ走ってきたので、様子をたずねたが、一言の答えもなく、黒ラシャの柄袋を取り捨てて、すぐさま抜き身で、右場所へ、斬りあいに罷《まか》り出た。まもなく馬乗り袴の裾を取り、白ダスキをかけた者一人、抜き身に首を貫き、そのほか抜き身で六、七人、日比谷御門の方に走っていったと番所から届け出た。容易ならぬ騒動、とりあえずお届け申し上げる。上杉家来、矢島藤兵衛」

当初、何が起こったのか、訳が分からなかった。不意を襲われ、彦根勢は周章狼狽《しゅうしょうろうばい》、大半は茫然自失となり、逃げ出す者さえ出る始末で、直弼の首級は三人の賊徒に斬り取られ、直弼の胴体が雪の上に転がった。

水戸の奇戦は見事に成功し、雪の上には転々と遺体が散乱し、折れ曲がった刀や切断された腕、ばらばらになった指などが落ちていた。

人々がおそるおそる近づき、しばらくたって彦根藩邸から、ばらばらと槍や鉄砲を持った男たちが飛び出してきたが、万事休す。犯人の姿はもうどこにもなかった。

御供目付側小姓の小河原秀之丞は、駕籠の辺りで深手を負って倒れたが、賊徒が首を討ち取ったといって喚声をあげたとき、はっと目がさめた。主君の首を持ち去られてはならぬと、よろよろと立ち上がって、首を持った三人の賊を追った。

「待て、水戸野郎っ」

秀之丞は首を持つ男の背中に、渾身《こんしん》の力をこめて刀を突き立てた。悲鳴をあげて男は倒れ、とっさに傍らの一人が袈裟がけに秀之丞を斬り裂いた。

首を運んでいたのは、薩摩藩士の有村次左衛門で、有村は辰ノ口の近江三上藩主、若年寄の遠藤但馬守邸のところまでは逃れたが、そこで力つきて動けなくなった。有村は事の顛末を遠藤家の家人に述べ、直弼の首を託し、自刃して果てた。虫の息で倒れていた秀之丞の証言で、このことを知った彦根藩は、すぐ遠藤家に使者を送ろうとしたが、それより早く、安藤信正の使者が来て、「直弼の死は公表いたさぬように」と伝えた。

彦根勢は年格好が近い加田九郎太の首ということにして、持ち帰ることに決め、ただちに遠藤家に使者を送り出し、首級をもらい受けるや藩医の岡島玄達が首と胴体を縫合し、直弼はやっと五体満足な姿になった。

直弼の家族は遺体に取り縋《すが》って泣き崩れ、身をよじって嗚咽《おえつ》した。

第二章

孝明天皇崩御

帝の怒り

井伊大老が横死《おうし》後の日本は、尊王攘夷に逆戻りだった。

将軍家定に政権担当の能力はなく、次の将軍家茂《いえもち》も政治家の資質はなかった。孝明天皇の妹君和宮《かずのみや》を御台所《みだいどころ》、正室に迎え公武合体を進めたが、老中安藤信正も坂下門外で襲われ、久世《くぜ》・安藤政権も長続きしなかった。

薩摩の西郷や大久保は、もはや幕府には統治能力なしと、倒幕に向かって進んでいた。

尊王攘夷とは一体何か。

尊王とは天皇、朝廷を尊ぶことであった。尊王が即倒幕ではない。攘夷を叫ぶ孝明天皇は倒幕ではなかった。急進派の公家や長州の浪士たちが倒幕と叫ぶことに、不快感を抱いていた。

その間、慶応二年一月二十一日には薩長盟約が成立していた。孝明天皇は御所に発砲した長州を討てと命令を下していたが、薩摩藩は、出兵拒絶の建白書《けんぱくしよ》を幕府に提出した。建白書は二条関白へも提出されたが、関白は慶喜・容保に相談のうえ、これを却下した。薩摩は孝明天皇に反旗を翻し、尊王を拒否したのである。その理由は、天皇は一橋慶喜と松平容保に閉じ込められており、長州征伐は、孝明天皇の真の意思ではないというものだった。

このため幕府の長州征伐は遅々として進まなかった。幕府の旗色は悪く、加えて米価暴騰によって大坂や江戸で、世直し一揆が起こり、各大名にも厭戦《えんせん》気分が広がり、島津久光《ひさみつ》・忠義《ただよし》父子の名による停戦の建白書が朝廷に提出された。この時期、幕府、会津には不運が続いた。将軍家茂の死去である。

公家の正親町三条実愛《おおぎまちさんじようさねなる》は薩摩派だった。戦争の中止を強く叫んだが、孝明天皇とぶつかった。しかし長州戦争はいくら慶喜が督戦しても幕府軍は勝てなかった。小倉で幕府軍が敗れるに及んで、慶喜が参内して、出陣中止の上奏文を提出すると、朝議もやむなくこれを承認した。

そして八月二十一日、将軍の死去を理由に、暫時休戦の勅旨があった。天皇の決意は、幕府軍の敗北によって挫折させられた。慶喜は孝明天皇の後ろ盾がありながら長州に敗れた。

岩倉の奸計

このとき朝廷勢力の中枢に登場するのが、岩倉具視である。

岩倉は和宮降嫁を進めた「四奸《しかん》」の一人として洛北の岩倉村に幽居していた。岩倉は公家中随一の策士といわれた男である。薩摩と深い関係にあった。薩摩はこれはという人物を取り込んでいた。

岩倉は、「天下一新」を掲げ、朝廷では賀陽宮《かやのみや》、幕府では慶喜・容保を排斥し、将軍の死を機会に王政復古を断行すべきと説いていた。その上で岩倉は姉婿に当たる中御門経之《なかみかどつねゆき》をたきつけて、中御門経之・大原重徳《しげとみ》ら二十二人が参内し、孝明天皇に対面を賜わりたいむねの上書を提出させた。これがまんまと成功し、天皇との対面が実現した。公家たちは、集団で幕府委任を原則とする孝明天皇の姿勢を批判した。孝明天皇は全身で不快感を表し、「列参《れつさん》におよぶのは、はなはだ不敬の至り」と激怒した。「列参」とは、集団で天皇に直訴するやり方である。

京都御所・建春門（上）と猿ヶ辻（下）

九条邸跡

「列参」は、孝明天皇に一蹴されたが、このような形で天皇の政治姿勢そのものに批判が集まったことは、驚くべき現象だった。天皇を支える二条関白と賀陽宮は、深刻な危機感を抱き、二人は辞表を提出した。天皇は慰留したが二人の辞意は固かった。天皇は「列参」の行為を憎み、十月二十七日、「列参」関係者の処分を行なった。「列参」の指導者、中御門経之と大原重徳の二人は、閉門に処せられ、その他の人々は「結党建言《けんげん》」の理由で差控えを命ぜられた。山階宮《やましなのみや》晃親王《あきらしんのう》には蟄居を、正親町三条実愛には遠慮閉門を命じた。

「列参」から約二カ月を経て、徳川の勢力に支えられ、朝廷内の反幕分子が一掃された。こうして朝廷は一橋、会津、桑名の一会桑《いちかいそう》政権で固められた。十一月二十七日、天皇は議奏・伝奏両役を召して、将軍宣下《せんげ》の意向を伝え、十二月五日、慶喜は将軍に就任した。しかし、いたるところで亀裂が生じ、幕末政治は混迷の度を深めて行く。

『天皇家の歴史』

ねずまさし、という特異な歴史家がいる。

明治四十二年、東京に生まれ、京都大学文学部史学科に学んだ。専攻は考古学と日本歴史である。ねずの作品で注目されるのは、『天皇家の歴史』である。これは徹底した裏面史である。この本に描かれた天皇家や公家も金銭の感覚は、あちこちにいる欲深い有力者と同じだった。

元治元年（一八六四）正月、将軍家茂は上洛したとき、孝明天皇に献上した金は黄金百枚（一説には五百枚）と銀二千枚で、皇后には銀千枚、長橋局《ながはしのつぼね》には別に三百枚、祐宮《さちのみや》には黄金三十枚、銀三百枚を配り、後宮を買収したとある。天皇が万事、将軍に政治を委任すると声明したときは、金三千枚を天皇に献上し、皇后には五百両、祐宮にも三百両とも五百両ともいう大金を配った。天皇は万事、内密という書簡を幕府に下していたと、ねずは記述した。

また天皇が自分の周辺にいるのは、スパイばかりで、妾や女官は信用ならないと、こぼしていた事も明らかにした。

幕末の朝廷の賄いは、質素なものだった。下橋敬長《しもはしゆきおさ》の『幕末の宮廷』によれば、朝廷の賄いは十万石だった。そのうち三万二十一石が天皇の日常経費で、残り七万石から江戸の輪王寺の宮へ一万三千石、その残りを宮様、五摂家、その他の公家へと配分した。天皇家は決して余裕はなく、足りないところは薩摩、長州、土佐、熊本などの西南諸藩の大名からの寄付やお礼で賄っていた。

献金は必要だったのである。献金を受ければ、攘夷から開国に換わる事もありえた。どうやら勅許も金次第のようであった。

薩摩や長州は下級の公家に献金をしてシンパを作っていたのである。なぜか東北地方の諸藩は、影が薄かった。これが後で響くことになる。

天皇崩御の謎

慶喜の将軍就任で孝明天皇の地位が安定したと思われた矢先、天皇は突然、病魔に襲われた。何ということか、と慶喜も容保も驚愕した。

十二月十一日、内侍所《ないしどころ》御神楽《みかぐら》挙行のさい、天皇は風邪気味だった。無理をして出席したところ、翌日から発熱し、その後、高熱がつづいた。

十六日にいたって痘瘡《とうそう》であることが分かった。経過は順調で、二十四日には収蜜（かさぶたができる）し、「ご機嫌よく成らせられた」と発表があった。二十七日には全快を祝う儀式が予定されていた。ところが二十四日夜から容態が急変し、二十五日にはさらに悪くなった。

松平容保は日々、御所に詰めて天皇を見舞い、家臣に命じて、九門内外の警備を厳重にした。しかし治療の甲斐もなく、天皇は二十九日午前八時ごろ崩御されてしまった。それはまったく突然の死であった。孝明天皇から篤い信任をいただいていた容保の嘆きは、暗涙千行《あんるいせんこう》、哀痛窮まって断腸の思いだった。

「数回にわたる優渥《ゆうあく》の聖詔が彷彿として、いまなお耳に聞こえてくる」

と容保は突っ伏して号泣した。

没後ただちに怪死の風説が立った。

歴史家石井孝は、毒殺説を採った。石井は『幕末非運の人びと』で次のように述べた。


正親町三条実愛は、その日記の十二月二十六日の条に天皇の死を伝え、翌二十七日の条に「今度御悩中、御着養・御治療等の儀に付き世上既に唱うる所これあり、中外遺恨の儀これあり、定めて此の説生ずべきか」と記している。これは、病中における看護・治療の手落ちということで、毒殺説を遠回しに表現していた。またパークスの幕僚として活躍したサトウは、天皇の没後数年、裏面の消息に通じているある日本人から、天皇は毒殺されたのだと言明された、と書いている。これは、明治初期に天皇の毒殺が公然の秘密として語られていたことの証拠である。


石井はこのように記述し、ねずまさしの研究を大きく紹介した。

ねずは完璧に毒殺説を採っていた。

「朝廷では慶応二年十二月二十九日、天皇が痘瘡のために崩御した、と公表し、今日に至るまで、宮内省と文部省はこれを確信し、国民に信じこませてきた。宮内省編纂の『孝明天皇紀』は病死説の根拠として『非蔵人《ひくろうど》日記』、『二条家記』、『御痘瘡之記』、『中山忠能《ただやす》日記』、『土山武宗日記』などを引用して、まったく疑惑の起こらないように説明している」とし、これとは異なった証拠を挙げて追及した。（『天皇家の歴史』）

ねずの研究によれば、天皇の痘瘡は順調に回復しつつあった。ところが十二月二十四日夜より下痢状態となり、吐き気が強く、二十五日午前十時ごろから「みぞおちの辺へ御差込容易ならず」という状態に陥った。容態が悪化したので、祐宮が正午前、見舞に参内した。しかし「御九穴《きゅうけつ》より御脱血、実に以て恐れ入り候御容体」となり、医師たちは手を尽くしたが、回復の兆しがなかった。

このうえは加持に頼るほかはないと、護浄院の湛海《たんかい》権僧正《ごんのそうじょう》が参内し加持に当たったが、その効なく、ついに午後十一時、天皇は不帰の客となった、とあった。

見るも恐ろしい、むごたらしい死相だったというのである。以上のような事実から、天皇が痘瘡による病死ではなく、毒殺であったと、ねずは主張した。

ねずが主に用いている史料は、『中山忠能日記』や湛海権僧正の日記などだった。前者には、忠能の次女前典侍《ないしのすけ》（明治天皇生母）慶子《よしこ》からの書状を収め、後者は、天皇の加持に当たった僧の日記で、いずれも他には厳秘《げんぴ》に付せられていた状況を伝えていた。

さらに石井孝は典医の一人伊良子光順《いらこみつおさ》の曽孫の伊良子光孝が、曽祖父のしたためた記録の所在を名乗り出た事実を挙げた。伊良子氏によると、光順の記録には正式の日記のほかにメモがあり、光順は、「天脈拝診」を済ましてから退出するまでの時間を利用して、御所内でメモし、帰宅後それを整理して日記を作成したというのである。

「天皇の最後の病状を知るには、このメモが最も重要な史料」

と石井は太鼓判を押した。

石井は、二十四日夕刻に服用した煎薬《せんやく》に毒物が混入され、同日夜の急性中毒症状となったと推察した。

石井はさらに進んで、横浜市立大学医学部の西丸與一教授に診断を仰ぎ、急性砒素中毒には、急激な経過をとる麻痺《まひ》型と一般的にみられる胃腸型とがあることを知り、天皇の場合は、いうまでもなく胃腸型に属する。この型の最もいちじるしい特徴は、コレラにみられるような激しい下痢・嘔吐で、胃腸の激痛がこれにともなうと考えた。

また砒素は粘膜に対して腐蝕性を有し、しばしば胃・腸その他の粘膜からの出血がみられるという。このため、胃腸型の急性中毒にあっては、疼痛《とうつう》と脱水により急速に衰弱し、体温や血圧が低下し、脈搏が微弱となり、虚脱状態に陥り、一日ないし数日で死亡するというのである。天皇の場合は、中毒症状が現れてから死にいたるまで、せいぜい数時間にすぎない。そこには急性砒素中毒としての典型的経過がみられるとの見解を得た。

孝明天皇が薬を服薬する場合、一旦、側近の上級女官から渡される。天皇は、それを一つ下の階級の女官へ渡す。その下級女官が煎じ、側近女官へ渡す、そこで初めて天皇が服用される、という順序を踏むのが普通だった。したがってその間に毒物が混入される余地は十分にあった。しかも薬を煎じる場所は、病床からかなり離れているという。天皇はきわめて神経質で警戒心が強かったから、健康のときなら毒物を不用意に飲みこむことはなかったとされているが、大病ののちでもあり、医師の調製したものと安心して飲み、奇禍にかかったのであろうというのが、調査の結果だった。

下手人は誰か

石井はもう一つ、昭和十五年（一九四〇）七月、大阪で開催された日本医史学会関西支部例会で、医史学者佐伯理一部氏が「天皇が痘瘡にかかられた機会をとらえて、岩倉具視が、女官に出ている姪（?）をして、天皇に一服、毒を盛らしたのである。自分は或る事情で、洛東鹿ヶ谷《ししがたに》の霊鑑寺《れいかんじ》の尼僧となった当の女性から直接その真相をきいたから、間違いはない」と断言したこともあげた。

その女性は岩倉の実妹堀河紀子《もとこ》をさした。しかし紀子は、当時宮中に出仕していないから、直接下手人となったとは考えられないが、岩倉と女官との連絡に当たったくらいのことは想像してもよいと、石井は述べた。

岩倉具視は、慶応二年八月三十日の「列参」事件から翌三年十月十四日の「討幕密勅」の作成を経て十二月九日の王政復古政変にいたる宮廷隠謀を通じて、常に指導的立場にあった。

「したがって、孝明天皇謀殺においても、岩倉が黒幕であったと想像するのはきわめて合理的であると思う。ただこの場合、岩倉が黒幕であることの正確度は、天皇の死因が急性毒物中毒であることのそれにはやや劣るかもしれない。しかし、この事件の最も濃厚な容疑者として岩倉をあげておきたい」

石井はこう結んだ。

　昨今では竹田恒泰が『旧皇族が語る天皇の日本史』で、「天皇の最期が急性砒素中毒と酷似することもあり、天皇が天然痘に罹《かか》ったことに乗じて、誰かが砒素を盛った可能性がある」と疑惑を語った。むろん異論も多い。

　近代史家佐々木克は、一時期、毒殺説を採ったが、その後、これを完全否定し「当時の朝廷内外の政治状況を正確に把握しないでなされたまったくの妄説である」と、自らの作品『岩倉具視』で毒殺は俗説として退けた。これに決着をつけるには、孝明天皇の遺体の検死しかないのだが、それは不可能に近く、永遠にナゾということになろうか。ともあれ、孝明天皇の死で政局はまたまた激変する。

第三章

徳川慶喜の周辺

勝海舟

勝海舟《かつかいしゅう》は、毒舌家だった。幕府などつぶれてもかまわないと放言していた。これを聞いて薩摩の西郷隆盛は仰天した。「ええっ」という衝撃だった。まさか本気ではないだろうが、幕府もおかしくなっているのか、西郷は考えたに違いなかった。勝海舟は水戸の徳川斉昭以上に薩長に貢献した人物だった。彼は稀代《きたい》の皮肉屋だった。幕府に対する不満が少なからずあった。海舟は旗本といっても下級の家に生まれた。

曽祖父は越後小千谷《おぢや》の人で、盲人であったという。青雲の志を立てて江戸に出て、往来で凍え苦しんでいるところを奥医師の石坂宗哲《そうてつ》に拾われて面倒を見てもらった。博才のある人で、身に着けていた三百文を他人に融資し、いつの間にか金持ちになり、ついには江戸に十七カ所の土地を持ち、水戸家だけでも十七万両の貸付があったという。（松浦玲『勝海舟』）

この曽祖父男谷検校《おだにけんぎょう》の息子の男谷平蔵の三男が海舟の父、勝小吉《こきち》だった。七歳のとき、勝家に養子に入った。身分は旗本だが名称は小普請組《こぶしんぐみ》、これは何の仕事もない。無役で、せいぜい江戸城の屋根や塀が崩れたときに、出かけて普請の手伝いをする程度の役だった。

小吉は祖父の検校に似ていて、活発な性格だったが、無頼《ぶらい》の徒と付き合い、金は貯まらなかった。ただし剣道は滅法強かった。

海舟は幼名を麟太郎《りんたろう》といい、『氷川清話』に自分の家のことを書いている。

貧困に育つ

おれが海舟という号をつけたのは、佐久間象山《しょうざん》の書いた『海舟書屋』という額がよくできていたから、それで思いついたのだ。しかし、海舟とは、もと、だれの号だか知らないのだ。安芳《やすよし》というのは、安房守《あわのかみ》の安房と同音だから改めたのよ。実は義邦だ。詩は壮年の時に、杉浦梅潭《ばいたん》に習い、歌は、松平上総守《かずさのかみ》に習い、書は、伯父の男谷（彦四郎燕斎《えんさい》）にならったこともあるが、手習いなどに、骨をおるばかがあるものか。

おれが子どもの時には、非常に貧乏で、ある年の暮れなどには、どこにも松飾りの用意などしているのに、おれの家では、餅をつく銭がなかった。ところが本所の親族のもとから、餅をやるから取りにこい、といってよこしたので、おれはそれを貰いに行って、ふろしきに包んで背負って家に帰る途中、ちょうど両国橋の上であったが、どうしたはずみか、ふろしきが急に破れて、せっかく貰った餅が、みんな地上に落ち散ってしまった。ところがそのころは、もはや日は暮れているのに、今のような街燈はなし、道はまっ暗がりで、それを拾おうにも拾うことができなかった。もっとも二つ三つは拾ったが、あまりいまいましかったものだから、これも橋の上から川の中へ投げ込んで、帰ってきたことがあったっけ。

妻をめとった後もやはり貧之で、一両二分出して日蔭町《ひかげちょう》で買った一筋の帯を、三年の間、妻に締めさせたこともあった。そのころは、おれは寒中でもけいこ着とはかまばかりで、寒いなどとはけっしていわなかったよ。米もむろん小買いさ。それに親は、隠居して腰ぬけであったから、実に困難したが、三十歳ごろから少し楽になったよ。

かつておやじが、水野（越前守忠邦《えちぜんのかみただくに》）のために罰せられて、同役のものへお預けになった時には、おれの家をわずか四両二分で売り払ったよ。それでも道具屋は、「お武家様だからこれだけに買うのだ」などと、恩きせがましくいったが、ずいぶんひどいではないか。その同役の家というのは、たった二間だったが、その狭い所で同居したこともあったよ。

その後立身して千石になった時にはよかったが、それが間もなくご免になった時などは、妻が非常に困ったよ。元来おれの家には、そのころから諸方の浪人がたくさん食客《いそうろう》にいたのだからのう。それゆえ妻は、始終、人に向かって、「宿では今度は長く勤めていますように」などといっていたよ。

とあった。

海舟が台頭するきっかけとなったのは蘭学である。何時《いつ》から蘭学の勉強を始めたのかははっきりしないが、それが実って安政二年（一八五五）七月、長崎で海軍伝習を命ぜられた。矢田堀景蔵《やたぼりけいぞう》と一緒に幹部としての辞令だった。オランダ海軍の士官から航海術、運用術、造船学、砲術、船具学、機関学、算術などを学び、足掛け五年、長崎に滞在した。江戸に戻った海舟は、アメリカに派遣される。トントン拍子の出世だった。それでもまだ不満はあった。

咸臨丸で太平洋を渡る

今度はアメリカに出かけることになった。日米修好通商条約の批准《ひじゅん》で渡米する使節団に随行して幕府の軍艦咸臨丸《かんりんまる》を操船し、太平洋を横断する壮大な試みである。巷間、海舟は艦長と伝えられたが、艦長は木村摂津守《せっつのかみ》で、海舟は教頭、副艦長だった。これが面白くない。太平洋上で暴れることになる。

さて、おれが咸臨丸に乗って、いよいよ江戸を出帆しようという場合になると、幕府ではなかなかやかましい議論があって、容易に承知しない。そこでおれも、「勝麟太郎が、自ら教育した門生を率いてアメリカへ行くのは、日本海軍の名誉である」と主張して、とうとう万延元年の正月に、江戸を出帆することになったのだ。

ちょうどそのころ、おれは熱病をわずらっていたけれども、畳の上で犬死にをするよりは、同じことなら軍艦の中で死ぬるがましだと思ったから、頭痛でうんうんいっているのもかまわず、かねて通知しておいた出帆期日も迫ったから、妻には「ちょっと品川まで船を見に行く」といい残して、向こう鉢巻ですぐ咸臨丸へ乗りこんだよ。それから横浜へ行って石炭を積み、いよいよ東へ向かって日本の地を離れたのだ。

この咸臨丸というのは、長さが三十間ばかりのきわめて小さい船だったよ。トン数は今ちょっと忘れたが、乗組員は上下合わせて百余名もあっただろうよ。およそこのころ遠洋航海をするには、石炭は焚かないで、帆ばかりでやるのだから、咸臨丸も幾たびか風雨のために難船しかかったけれども、乗組員いずれもかねて覚悟の上のことではあり、かつ血気盛りのものばかりだったから、さほど心配もしなかった。おれの病気もまた熱のために吐血したこともたびたびあったけれど、ちっとも気にかけないでおいたら、サンフランシスコへ着くころには、自然に全快してしまった。

咸臨丸航米の図（小池修）

　サンフランシスコへ着くと、日本人が独りで軍艦に乗ってここへ来たのはこれが初めだといって、アメリカの貴紳らもたいそう賞《ほ》めて、船底の掃除や、ペンキの塗りかえなどもすっかり世話してくれたよ。

　それからおれたちは、南アメリカへまわって、日本へ帰ろうとしたところが、アメリカの人たちは、「ここまで来ればよいから、そんな無謀なことは止めて、早く日本へ帰れ」といったけれども、船中書生気質《かたぎ》のものばかりだから、そんなことには耳を傾けない。おれたちより先にアメリカへ来ていた日本の使節は、このことを聞いて、おれたちを狂気だといって、だんぜん南米廻航のことを禁じた。

使節から禁止せられては、一言もないものだから、おれたちも鬱勃《うつぼつ》たる雄心をおさえて、すごすご帰国の途についたが、行きがけにどこへも寄港しなかったから、帰りにはハワイに立ち寄って、それから浦賀へ帰った。

浦賀へ着いたから、おれは一同を入浴のために、上陸させてやろうとしているところへ、浦賀奉行の命令だといって捕吏《とりて》がどやどやと船中へ踏みこんできた。おれも意外だから、「無礼者め、何をするのだ」と一喝したところが、捕吏がいうには、「数日前、井伊大老が桜田門外で殺された事件があったので、水戸人は厳重に取り調べねばならぬ」というから、おれも穏やかに、「アメリカには水戸人は一人もいないから、すぐに帰れ」と、ひやかして帰らせたよ。

しかし、おれはこのとき、桜田の変があったことを初めて知って、これで幕府はとてもだめだと思ったのさ。

さて、これから品川へ船を廻して一同上陸したが、おれも久しぶりで家へ帰ろうとする途中で、コレラ病にとりつかれたのだ。

航海中、水夫らには筒袖の襦袢《じゅばん》に裁《た》っ着《つ》けをはかしていたが、おれは日本服も着たり、西洋服も着たりしたよ。このころ、サンフランシスコから便りがあったが、あのときおれが泊まったホテルで掲げていた歓迎の旗が、今に保存してあって、ときどきおれどものうわさも出るそうだ。

と自慢げにしゃべったが、同行した測量方の小野友五郎《ともごろう》にいわせると、海舟は船酔いを起こして寝てばかりいて、操船したのは木村摂津守が採用したアメリカ海軍のブルック大尉だった。やけを起こして太平洋の真ん中で「おれは帰る。バッテラをおろせ」と怒鳴るなど、指揮官としての無能ぶりを発揮、帰国後海軍から体よく追放されたと後年、暴露した。海舟の本音は自分で太平洋を横断したかったのだろうが、結果としては木村摂津守の判断が正しかった。

海舟が初めて西郷に会ったのは、元治元年（一八六四）九月十一日の兵庫開港延期の談判のときだった。

西郷隆盛の人物

おれが初めて西郷に会ったのは、兵庫開港延期の談判委員を仰せつけられるために、召されて京都に入る途中に、大坂の旅館であった。そのとき西郷はお留守居格だったが、くつわの紋のついた黒縮緬《くろちりめん》の羽織を着て、なかなかりっぱな風采《ふうさい》だったよ。

西郷は、兵庫開港延期のことを、よほど重大の問題だと思って、ずいぶん心配していたようだったが、しきりにおれにその処置法を聞かせよというわい。そこでおれがいうには、「まだ確にはしれぬが、このたびのお召しは、たぶん談判委員を仰せつけられるためだろう。しかし小生は、べつだんこの談判を難件とは思わない。小生がもし談判委員となったら、まず外国の全権に、君らは、山城《やましろ》（京都）なる天皇を知っているかと尋ねる。すると彼らは、必ず知っていると答えるだろう。そこで、しからば、その天皇の叡慮《えいりよ》を安んじ奉るために、しばらく延期してくれと頼

西郷隆盛像（上野公園）

む。そして一方においては、加州、備州、薩摩、肥後その他の大名を集め、その意見をとって陛下に奏聞《そうもん》し、さらに国論を決するばかりさ」とこういった。それから彼の問うに任せて、おれは幕府今日の事情をいっさい談じて聞かせた。

　彼がいうには、「とかく幕府は薩摩を憎んで、みだりに疑いの眼をもって、禍《か》心《しん》を包蔵《ほうぞう》するように思うには困る」というから、おれは「幕府のつまらない小役人どものことだ。幕府にも人物があろうから、そんなことは打っちゃっておきたまえ。かようのことにけねんしたり、憤激したりするのは、貴藩のためにはけっしてよくない」といったら、彼も承知したといったっけ。

　坂本龍馬《りょうま》が、かつておれに、「先生はしばしば西郷の人物を賞せられるから、拙者もいって会ってくるにより添え書きをくれ」といったから、さっそく書いてやったが、その後、坂本が薩摩から帰ってきていうには、「なるほど西郷というやつは、わからぬやつだ。少しくたたけば少しく響き、大きくたたけば大きく響く。もしばかなら大きなばかで、利口なら大きな利口だろう」といったが、坂本もなかなか鑑識のあるやつだよ。

と海舟は西郷のことを評していた。西郷に比べると、海舟が見たところ長州の木戸孝允は小者だった。

蛤御門

しかし綿密な男さ。使い所によってはずいぶん使える奴だった。あまり用心しすぎるので、とても大きな事には向かないがのう。

かつて京都で会った時、かれが直接におれに話して聞かせたことがある。元治元年の七月に、蛤《はまぐり》御門《ごもん》の変があったのちで、あの男は会津藩の邏卒《らそつ》に捕えられて、多勢の兵卒に護衛せられながら、寺町通りまできたときに、大便を催したから廁《かわや》へ行かせてくれといった。するとほかのこととは違うから、衛士も許さぬというわけにもいかず、止むなく二、三人の兵卒を随えて廁へいかせた。ところが木戸は廁の前までくると、地べたへつくばってはかまをぬぐようなふうをしていたが、いきなり脱兎の勢いでその場を逐電した。あまり意外なことだから、衛卒もしばらくぼうぜんとしていた間に、木戸は早くも対州の藩邸へ逃げ込んで、いったんその踪跡《そうせき》（あと）をくらまし、しばらくして、また、ある他の屋敷へ潜伏して、ついに逃げおおせたということだ。あの男が事に臨んで敏活であったことは、まあこういうふうだったよ。

と海舟はいった。

西郷や木戸と対でしゃべれる男、それが海舟だった。西郷は会うたびに海舟に圧倒され、尊敬もしていた。

西郷の登場

西郷が政治の舞台に登場するのは安政元年（一八五四）である。主君島津斉彬に従って江戸に向かい幕府の役人や水戸藩邸などに出かけ、情報収集に当たった。水戸の藤田東湖に「丈夫」と呼ばれ可愛がられた。

一時、帰国したが、二度目の江戸行きで、安政の大獄に関連して、錦江湾に月照《げつしょう》と身を投じ、西郷だけが助けられた。

西郷は三年、大島に身を潜め、ここで愛加那《あいかな》という妻を娶った。妻は本国に連れて帰ることは許されず、二人の子供は西郷が引き取っている。長男は後年、京都市長になっている。

西郷が大島にいるころ、天下騒乱の時代に入っていた。尊王攘夷は全国に溢れ、幕府は皇女和宮を将軍夫人に迎え、公武合体を進めた。だが攘夷の嵐は収まらない。老中安藤信正は坂下門外で襲撃され、幕府はひどく弱体化した。大久保は島津久光を立てて幕府に注文をつけ、これにあわせ薩摩の勢力拡大を図った。

一橋慶喜を将軍後見職、松平慶永を政事総裁職とし、あわよくば九州全土をわがものにせんという魂胆が秘められていた。そのためには豪胆な西郷がどうしても必要だと大久保は考えた。大久保は西郷を戻すべく奔走し、文久二年二月、三年ぶりに鹿児島に戻った。そのとき、久光は兵を率いて上洛し、幕政改革に乗り出さんとしていた。これをめぐって薩摩藩内は割れていた。過激派の誠忠組は武力で幕府を倒さんとした。久光は幕府擁護である。これを鎮圧せんとして、寺田屋の変が起こる。

西郷は同士が争う薩摩のやり方が納得できなかった。

これはひとえに久光が狭量なせいだと考えた。三年も大島に流されたことにも不快感を募らせていた。斉彬と比較するのが間違いともいえたが、ついにたまりかねて西郷は面と向かって田舎者と久光を罵倒した。

そのとき久光は手にしていた煙管《きせる》を思いきり噛んで、キリキリと目を吊り上げて、悔しがり、即刻、西郷を沖永良部島《おきのえらぶじま》に飛ばした。西郷は鳥駕籠牢に入れられ、罪人として扱われた。

大島もそうだが、沖永良部島も島民はひどい圧政で苦しんでいた。西郷は久光を一層憎んだ。

薩英戦争があり、文久三年（一八六三）八月十八日の政変によって京都から長州藩を追放した。

時代は西郷の復帰を望んだ。

禁門の変

元治元年（一八六四）二月、一年余の流刑の後、西郷は鹿児島に戻ってきた。三十八歳になっていた。

朝敵として京都から追われていた長州藩はこの年七月十九日、武力で京都を制圧せんと、禁門の変を引き起こした。暴発した長州は京都御所に攻め寄せ、会津、薩摩が守る宮門に殺到した。西郷は兵を率い蛤御門を死守した。

鳳輦を奉奪候謀計にて、実に薩兵あらずんば危き次第にて御座候、この度は御所へ向かい砲発いたし候付ては、天下の人望を失いのみならず、大逆の罪を得、その上異人と和議を結び、旁これ迄の詐謀一時に相顕れ、天罰を蒙り候事共に御座候。

七月二十日　大島吉之助

大久保一蔵様

（『大西郷全集』）

西郷は長州の暴発を批判した。政局は公武合体派が握り、十二月末には朝廷に参預会議が設置された。

薩摩の島津久光をはじめ越前の松平慶永、土佐の山内容堂、宇和島の伊達宗城、将軍後見職一橋慶喜、京都守護職松平容保らの有力者によって構成された参予会議は、一種の共和政治の芽生えだった。ところが慶喜には一々、制約されることがわずらわしい。そこでつぶしにかかった。

各参予の思惑がぶつかりあって会議は一向に機能せず、三カ月ばかりで空中分解した。この時に西郷が呼び戻された。島津久光は西郷を戻したくなかったが、皆に推されてしぶしぶ復帰を認めた。

この時期、西郷は大久保に何通もの手紙を送っている。

長州を根こそぎ叩こうという長州征伐については、

「こんどの戦争はまったく会津と長州の私的な戦いであるから軍を動かすわけにはいかない。斉彬公の御遺策のとおり、宮廷を守護することを一筋に守るほかに考えはない」

松平容保

と書き、禁門の変は会津と長州の私闘と見て、薩摩は慎重に行動すべしと説いていた。

海舟は幕府軍艦奉行兼神戸海軍操練所の頭取として大坂にいた。

西郷は海舟から、どうにも救いようのない幕府の腐敗ぶりを聞かされた。かつ外国の脅威については、明賢の有力なる諸侯四、五人が連盟し、外国の軍艦を打ち破る兵力を持って横浜、長崎の港を開き、兵庫開港は筋道を立てて談判になれば、皇国の恥にはならぬと説いた。

国の政治は共和政治だと海舟はいった。海舟がいう共和政治とは雄藩連合国家だった。しかし、その直後に海舟は失脚する。

慶喜は共和政治が嫌いだった。何が何でも自分中心の国家を形成したかった。

海舟と慶喜の間には大きなズレがあった。慶喜はもう一人の幕臣、小栗上野介忠順《おぐりこうずけのすけただまさ》の方が好きだった。

小栗忠順

慶喜は、小栗上野介忠順を信用していた。

背は低かったが全身に生気をみなぎらせ、鋭い弁舌で幕府の近代化を進めた男である。幕府というほころびた体制にしがみつく、守旧派が多い中で、小栗は急進的な改革派だった。

西郷や大久保が最も恐れた男、それが小栗だった。ハト派の海舟と硬派の小栗、慶喜の周辺には、この二枚看板がいたのである。

弱腰の慶喜は大坂から逃げ帰った段階で、すべてをハト派の海舟に頼った。もし小栗路線で突き進めば西郷も大久保も顔面蒼白となるところだった。上野の寛永寺に謹慎している慶喜の姿が大河ドラマ『篤姫』で放映されたが、小栗が陣頭に立てば、形成逆転も十分にありえた。

小栗が訪米したとき、アメリカの新聞「ハーバー週報」は小栗を次のように紹介した。

監察小栗豊後守《ぶんごのかみ》は小柄で、活気と表情に富んだ紳士である。その容貌には、威厳と知性と決意の固さなどが不思議に混ざっている。彼は確かに、隙のない男である。接見のときも、直立し、目を伏せていたが、その目は絶えず動いている。彼は使節団のなかではじっさい、責任の最も重い役目を負っており、彼に相談しないことには、何も出来ないのである。彼はどこから見ても監察官にふさわしく、もし私たちが、日本人だとしても彼に睨まれたら、二度とうだつが上がる見込みはあるまいと思われた。

アメリカの記者は小栗の立場を的確に把握していた。

小栗上野介忠順

フランス公使ロッシュは、幕府勘定奉行の小栗忠順を日本国の大蔵大臣と呼んだ。当時の幕府の閣僚は経済にうとく何も分からなかった。大老にしても老中にしても、実務の経験はなく、身分による世襲で経済にはうとく、数字の話になると、まるで分からない人が多かった。

小栗の生家は松平家から分かれた二千五百石の旗本で、父忠高《ただたか》は新潟奉行をつとめた。旗本としての毛並はまず上々の部類である。忠順は通称又一、のち豊後守と称し、やがて上野介と改めた。

もっぱら小栗上野介として知られている。安政四年（一八五七）書院番組から使番《つかいばん》となり、安政六年には目付に昇進、遣米使節の一員に選ばれ、翌万延元年（一八六〇）一月に出発し、同年九月帰国した。使節団のうち正使の新見正興《しんみまさおき》（豊前守《ぶぜんのかみ》）も副使の村垣範正《むらがきのりまさ》（淡路守）も、ごく普通の人物で外交交渉はもっぱら小栗に任された。

途中で井伊大老が暗殺され、帰国したころは、攘夷論が高まっていたが、小栗は、アメリカの文明を説き、日本改造を訴えた。

帰国してから文久三年（一八六三）七月までの間、小栗は、外国奉行・勘定奉行・町奉行・歩兵奉行・陸軍奉行並などの職をひんぱんに移動している。

『幕末政治家』を書いた旧幕臣の福地源一郎は、小栗をこう語る。

「その人となりは精悍敏捷《せいかんびんしょう》で多智多弁、よく上司とその職務への精励は実に常人の企及する所ではなかった。しかし彼が長い間、同じ職にすわることができなかったのは、彼の気性の烈しさから上司・同僚に忌まわれたことにもよるであろう。幕末、数年の間幕府が命脈をつなぐことが出来たのは、ひとえに小栗の力によるものである」

頭が切れ、世界を見てきた小栗と、幕藩体制にどっぷりつかった老中との間ではいつも摩擦が生じた。薩摩、長州にとっては最も警戒すべき人物は小栗だった。なぜなら小栗はアメリカと手を組み軍制の改革を進めようとしていたからである。久世・安藤政権は弱腰と批判されたが、特筆されることは小栗の意見も組み入れての軍制の改革だった。

それは歩兵・騎兵・砲兵の三兵を骨子《こっし》とする近代的陸軍の編制で、徳川幕府を維持し、将来は国軍に衣替えし、外国の侵略に当たるという含みをもたせたものだった。それだけに薩摩は危機意識を一段と強め、倒幕をねらいとする尊王攘夷運動を一層エスカレートさせる。

小栗にとっては憤懣《ふんまん》やるかたない政治だった。その点では海舟も同じだった。幕府の地盤沈下は目を覆うものがあった。

一旦決めた開国を覆し、天皇に押されて破約攘夷をするなどは、もってのほかで、「幕府は主体性を持って政権を担当すべし」と、厳しく批判した。

文久三年、小栗は歩兵奉行を兼ねたが、そのときは歩兵・騎兵・砲兵を率いて上京し、朝廷に圧迫を加えて、和親開国の勅旨を要求せんとした事もあった。

小栗にとって残念なことは、将軍慶喜に確固たる信念がないことだった。慶喜は優柔不断で逃げの姿勢が目立ち、全面的にかばってはくれなかった。

文久三年五～六月に老中格小笠原長行《ながみち》のクーデター計画が実行された。英仏両国公使の支持のもとに、イギリス汽船二隻をチャーターし、千四、五百人の兵を大坂に輸送し、京都に進撃、尊攘派を一掃するつもりだった。

その目的は京都における尊攘勢力を一掃し、攘夷の勅旨の撤回を迫り、もし天皇が承知しなければ、「承久の故事」（承久の乱で三上皇を配流したこと）を辞さない決意であった。しかしこの大規模な計画も、在京の幕府首脳部に阻止され、真夏の夜の夢と化した。

幕府はすべてチグハグだった。

小笠原のクーデター計画は、大きなポイントだった。薩摩の西郷や大久保も強い意志で幕府に立ち向かうが、幕府の方は、いつも及び腰だった。

製鉄所の建設

勘定奉行や軍艦奉行の要職を重ねながら小栗が推進したのは、横須賀製鉄所（造船所）の建設である。目付の栗本鋤雲《くりもとじょうん》とのコンビで、製鉄所建設についてロッシュとの間に予備交渉を行なったのち、元治元年十一月、正式に幕閣からロッシュにあてて、製鉄所建設のための技術者の推薦を申し入れた。

やってきたのはフランス海軍技師のヴェルニーである。彼は横須賀の地を選び、ここに製鉄所を建設する計画を立て、慶応元年（一八六五）一月、幕閣は、製鉄所建設の契約書をロッシュに手渡し、ここにフランスからの援助による製鉄所建設が決定した。

このように小栗の画策した製鉄所建設計画が大きな成功を収めつつあるにもかかわらず、小栗は、この年二月下旬、軍艦奉行の職を辞している。慶喜と意見の違いがあったようである。小栗の考えは幕府軍の京都進駐である。慶喜はそれを望まなかった。

しかし二カ月あまりを経た五月四日、小栗はふたたび勘定奉行に復活し、これから明治元年（一八六八）一月までずっとその職にあった。小栗ら「親仏派」の考えは「列藩を廃止して郡県制度に日本を大改造する」ことだった。その手始めに長州を討伐し、ついで他の雄藩もなくし、徳川政権による統一国家を作ることだった。問題は膨大な資金である。

ざっと六百万ドルが必要だった。そのうち百万ドルはイギリスのオリエンタルバンク、あとの五百万ドルはフランスの金融機関とオリエンタルバンクの共同融資だった。

この時期、幕府の財政ははなはだしく窮乏していた。建設費を支払うためには、生糸《きいと》をフランスに輸出することだった。十九世紀のなかばからヨーロッパの蚕業地帯では、蚕の病気が流行し、フランスの養蚕業も壊滅的打撃を受けていた。そのためフランスの絹織物業は、アジア産の生糸を求めていた。

イギリスの海運が優勢だったので、フランスで消費される生糸も大部分がロンドン経由で輸送されたが、ロッシュはコストを下げるために日本の生糸を直接フランスに輸送しようと企てた。フランスから日本へ武器・軍需品を輸出し、日本からフランスへ生糸を輸入する仕組みであった。

交易組合

小栗は慶応元年八月、ロッシュの提案にもとづき、両国商人の「組合商法」結成の計画を練った。それは、わが国の大きな商人数名とフランスの大きな商人数名とで「交易組合」を結成し、その代理人として日本人一人をパリに、フランス人一人を横浜に在留させることも決めた。

画期的な方法だった。この一事を見ても小栗の才能は計り知れない広がりを持っていたことが分かる。

慶喜はこの大プロジェクトに賛成した。福沢諭吉もこの政策に大賛成で、「外国の兵を頼んでも長州をつぶすべし」と発言していた。

海軍の強化

小栗は海軍の強化にも力を注ぎ、アメリカに指導援助を依頼した。

慶応三年正月、アメリカに小野友五郎を正使とする十人の使節団が派遣された。ここには翻訳御用として福沢諭吉も加わっていた。福沢の英語はさっぱり通じないと小野は憤慨したが、日本の通訳の実力はまだ片言《かたこと》であり、立て板に水とはいかなかった。

一行はアメリカの太平洋郵船の外輪船「コロラド」で横浜を発ち、サンフランシスコ経由でパナマに至り、そこから鉄道に乗り、また汽船に乗り、ワシントンに入った。小野の相談役は咸臨丸で太平洋を横断したとき、乗り込んでくれたアメリカ海軍の退役士官ブルックだった。

小野の使命はアメリカの既製軍艦の購入、海軍方・陸軍方・勘定方の依頼による兵器・書籍類の購入などであった。優先順位は小野の裁量に任せられた。

ブルックがレキシントンからワシントンに来て待っていた。

藤井哲博『咸臨丸航海長小野友五郎の生涯』によると、ブルックは友五郎をホテルに訪ね、南北戦争中に作られた軍艦や兵器の図面や模形を示し、「モニター」と「ヴァージニア」の戦艦同士の一騎打ちや、「水雷火」（機雷）、「爆装特攻艇」「水底に沈め候船」（人力推進の潜水艇）などについて情報を提供した。

ブルックは購入艦が決まったら、自分がその回航艦長となって日本に赴き、徳川海軍のために働きたいという個人的希望も述べた。しかし、今回の軍艦購入は政府対政府の関係であり、その回航艦長も、万一の場合の求償を考えて、米国海軍の現役士官が望ましいと小野は考えていた。ブルックもこの間の事情を納得してくれた。

幕府は、米国政府から軍艦三隻を購入するつもりだった。小野らは、購入軍艦の下見にアナポリス海軍兵学校へも足を運び、兵学校長のデーヴィッド・D・ポーター中将の案内で、兵学校の構内の教育施設も視察した。

その後、日本への譲渡軍艦係を特命されたソーントン・A・ジェンキンス准将を交え、購入艦について意見を交換、最終的に湾内に浮かんでいた装鉄艦「ストンウォール」の購入を決めた。旧南部の軍艦で、価格は四十万ドルだった。しかし、軍艦が日本に回航されてきたとき、幕府は瓦解していた。軍艦は薩長軍の手に渡り、箱館戦争で使われた。

第四章

だまされた大政奉還

幕長戦争

幕末の日本は糸が切れた凧のように、どこに行くのか分からず、大混乱の連続だった。

原因はいろいろあるが、幕府の指導力の低下だった。薩長の倒幕運動を押さえ切れない弱さがあった。日本を改革し、こういう国家にするというビジョンの欠如だった。かつて薩摩の島津斉彬や越前の松平春嶽《しゅんがく》は、慶喜を改革の旗手と評価し、将軍への就任を待望した。しかし、将軍に就いてみると、期待外れもいいところだった。命がけで改革に取り組む意志がなかった。しょせんは温室育ちの将軍だった。権力機構が二重構造になっていたことも問題だった。日本を代表する政治権力は幕府であった。その幕府が失態を重ねて自壊現象を起こし、ガタガタになってしまった。

幕府は反旗を翻した長州藩に武力侵攻を企てたが惨敗した。幕府の軍隊はまるで用をなさず、新式銃で武装した長州軍に敗退した。

幕長戦争に動員された幕府軍は十五万人といわれた。対する長州軍は四千である。数の上では幕府勢が絶対的優位の立場にあった。最初のときは薩摩が幕府に加担したが、第二次幕長戦争では手を引いた。薩摩は幕府を見限り、逆に長州と同盟を結び、長州藩に武器弾薬を供給した。

幕長戦争は慶応二年六月に始まった。幕府の軍艦が、大島郡の長州軍を攻撃すると、焼き討ちにあった農民たちが決起し、反撃に出た。長州の正規軍は、近代的な装備で武装したのに対して幕府軍の多くは、甲冑に身を固めた軍装だった。

幕府軍先鋒の井伊家の軍勢は、古風な総勢四千人の兵士が、戦国時代さながらの甲冑姿だった。刀、槍、鎧、兜に旗指物《はたさしもの》である。

これでは勝てるはずがない。川を渡ろうとしたとき、山の上から一斉に銃撃され、すべてを投げ捨てて逃走した。

長州藩の記録『防長回天史』所収、長州軍の河瀬安四郎の報告に、「彦根と戦った際、大量の分捕品があり、甲冑は数えきれないほどだった。奪った大砲のなかにはアメリカ製の十ポンド砲二丁があった。兵糧米も千俵あまり奪った」とあった。

幕府側の体質がいかに旧態依然だったか。一目瞭然であった。

虎の子の洋式部隊はどうだったのか。投入された幕府の銃隊は、歩兵二連隊三千二百人に過ぎず、幕府軍はすっかり萎縮し「フランスと交渉して軍艦三十艘を借り、外国軍を雇い入れれば勝てるかもしれないと本気で考えるほど手詰まりであった」と野口武彦の『幕府歩兵隊』にある。

幕府軍はいたる所で大村益次郎《ますじろう》と高杉晋作《しんさく》のバルチザン戦法に、叩きのめされた。高杉晋作はこう述べていた。

「数多くの民家を焚掠し、無辜《むこ》の人民を斬殺し、暴悪至らざる所なし、これ皆堂々たる官軍の所業にあらずして、姦吏の陰謀なる事疑いなし。これによってやむを得ず義兵を挙げ、四境の敵を撃掃し潜伏する奸吏を囚縛して、其の曲直を正んと欲す」（『高杉晋作全集』上）

と領民を鼓舞し、戦闘についても細かく指示していた。

「小倉城を落さんと欲せば、まず冨ノ台を乗っ取らずんば、その事おこなわるべからず。冨ノ台を乗っ取るの策、大里口より進撃するは最下策なり、正々堂々曾禰口より進むを中策とす。ひよどり越えの古智に習い霧嶺より逆落としをなし、その不意に出しを上策とす」

と細かく指示した。そして自ら軍艦で敵艦四隻の中に突入し、砲撃戦を演じた。

そのとき晋作は病に冒されていた。八月二十二日、晋作は前線を離れた。突然、多量の喀血《かっけつ》をした。肺病であった。慶応三年四月十四日、晋作は、

おもしろき事もなき世をおもしろく

と詠んで息を引き取った。数え二十九歳だった。

幕府は大胆不敵な鬼才、高杉晋作にしてやられた。

陰謀

陰謀なくして革命は成立しない。世界史的に見ても、それは事実である。弱った幕府を叩きのめすべく、数々の陰謀が企てられるのは孝明天皇の死後である。

陰謀というと、いつも名前が出てくるのが岩倉具視である。孝明天皇の毒殺説を採る石井孝は、数々の陰謀の黒幕は岩倉と名指しして指摘した。徳川慶喜からいかにして政権を奪うか。幕府を倒

す方法は大別して二つあった。

一つは平和裏に徳川が持つ政権を天皇に返還することである。これは土佐藩の理論だった。坂本龍馬の「船中八策」をベースにしている。

一、天下の政権を朝廷に奉還せしめ、政令よろしく朝廷より出ずべきこと。
一、上下議政局を設け、議員を置き、万機を参賛せしめ、万機よろしく公論に決すべきこと。
一、有材の公卿・諸侯および天下の人材を顧問に備え、官爵を賜い、よろしく従来有名無実の官を除くべきこと。
一、外国の交際広く公議をとり、新に至当の規約を立つべきこと。
一、古来の律令を折衷し、新に無窮の大典を撰定すべきこと。
一、海軍よろしく拡張すべきこと。
一、御親兵を置き、帝都を守衛せしむべきこと。
一、金銀物価、よろしく外国と平均の法を設くべきこと。

の八策である。どれもこれも歯の浮くような甘い言葉である。たちどころに民主主義が到来するかのような文句である。これを骨子とする大政奉還案を土佐の後藤象二郎《しょうじろう》が行なった。その際、慶喜は議事院の議長、新政府の首相とする案を提示した。

後藤は松平容保も説得し、慶応三年十月三日、藩主山内容堂《やまうちようどう》名の大政奉還の建白書を幕府老中板倉勝静《かつきよ》に提出した。慶喜は渋った。薩摩藩主名ならいざ知らず山内容堂名では今一つ信用できなかった。そこを説得したのが薩摩の老中小松帯刀《たてわき》だった。

慶喜は小松を信頼していた。小松が保証するなら大政を奉還すると慶喜は決断した。西郷や大久保ではなく小松が保証すると述べたことが慶喜の迷いを消した。慶喜はついに大政を朝廷に返還した。これが陰謀の始まりだとは、慶喜も容保も思わなかった。裏面で大陰謀が練られていたのである。

勝も小栗もいないところで、慶喜は足をすくわれた。一国の宰相としてはすべてが不用意だった。その後、討幕の密勅が出て慶喜は朝敵として追放される。

後藤象二郎も小松帯刀も微妙な立場だった。小松は以後、足の病を理由に京都から姿を消す。その真相はなんだったのか。本当に病気なのか、それとも計画的に姿を消したのか。あるいは何らかの力が加わって姿を消さざるを得なかったのか。小松はすべて知っていたのである。小松の迫真の演技で慶喜はころりとだまされたことになる。

このことを裏付ける長州藩山県有朋《やまがたありとも》の談話が『大久保利通傳』にもある。時期は慶応三年、六月頃である。

今夕、小松帯刀の宅で別杯を酌み、委細の事情をお話ししたいという案内が来たので、夕刻出かけた。そうすると小松、大久保、伊地知《いじち》、西郷がおって、段々、将来についての話をした。その話はどういうことかというと、到底尋常手段では倒すことは出来ぬから長州、薩摩連合の上、戮心尽力して回天の事業を成し遂げたい。いずれ不日、弊藩の見込みも一定すれば、西郷を貴藩に遣わし、貴藩一定の御廟議《びょうぎ》も承るであろうということである。

薩摩と長州の間ではひんぱんにこうした会合が開かれていたのである。

慶喜は、松平容保、定敬《さだあき》とはかり、大政奉還を決め慶応三年十月十四日に、朝廷に大政奉還の上表を提出した。この情報はたちまち伝わった。

ポスト慶喜に誰がなるか、公家達の暗躍が始まったが、百家争鳴、どうしていいか分からない。慶喜の大政奉還の申し出を受理したものの、朝廷側に政治をとる用意はどこにもなかった。諸大名を集めたうえで相談するしかない。それまでの間は慶喜に政務をとらせるしかない。朝廷サイドの判断はそのようなものだった。慶喜は内心、せせら笑った。思った通り、朝廷にはなんら統治能力はなかった。

岩倉村での密議

この事態に岩倉や大久保が動きだした。

慶応三年十月十六日、薩摩の大久保利通は、長州の品川弥二郎《やじろう》とともに、京都郊外の岩倉村にある中御門経之の別邸に出かけた、そこには岩倉も来ていた。大政奉還をしても依然、慶喜に実権を握られては、なにも変わらない。何のための大政奉還か分からない。慶喜を武力討伐しない限り、薩長政権は誕生しない。いかにして慶喜を討つか。それがこの日の密議だった。

この前後の大久保の日記はこうなっている。小松も謀議に加わっていたことが分かる。

九月二十七日頃
後藤より建白差出の相談、これあり。
二十八日
土佐の建白、異論なき旨、小大夫（小松帯刀）より返詞相成る。
十月五日
中卿（中御門経之）より早々に参るべしの旨、申し来る。
十月六日
品川（弥二郎）同道、岩倉中卿（岩倉具視）の御別荘に参り、岩中両卿（岩倉と中御門）に拝謁、両藩（薩摩、長州）の国情を尽くし言上いたし、秘中のお話伺い奉り候事。

そして十日に秘策は練られた。

天皇の命令で慶喜を追い落とさなければ、何も変わらないことを知った岩倉は、慶喜の首を取り、徳川家を抹殺する行動に出た。岩倉は、慶喜を追放する策、王政復古に伴う新政府の機構、錦の旗のつくり方、倒幕の密勅の内容など秘策の数々を示した。

カギは天皇の命令書、勅書である。天皇の命令が武力討幕を行う際の最大の大義名分であった。

慶喜が大政奉還を申し出たその日、岩倉は薩長両藩主父子への倒幕の密勅を作成しており、それを大久保に手わたした。天皇の許可のない偽造の勅書である。密勅の文案は、岩倉のもとにあった国学者玉松操《たままつみさお》が作成した。様式も天皇の直筆もないし、名をつらねた公卿の自署もない、異例なものであった。

「これでよし」

大久保はうなずいた。

大久保はじっと密勅に見入った。

三人による偽造

密勅に名前を連ねたのは藤原（中山）忠能、藤原（正親町三条）実愛、藤原（中御門）経之の三人で、日付は慶応三年十月十三日だった。その内容は次のようなものだった。

詔《みことのり》す。源《みなもとの》慶喜、累世の威を藉《か》り、闔族《こうぞく》の強を恃《たの》み、みだりに忠良を賊害し、しばしば王命を棄絶し、遂に先帝の詔を矯《た》めて懼《おそ》れず、万民を溝壑《こうがく》に擠《おと》して顧みず、罪悪の至るところ、神州まさに傾覆せんとす。朕、今民の父母として、この賊にして討たずんば、何をもって、上は先帝の霊に謝し、下は万民の深讐に報いんや。これ、朕の憂憤のあるところ、諒闇も顧みざるは、万止むべからざるなり。汝、よろしく朕の心を体し、賊臣慶喜を殄戮《てんりく》し、もって速やかに回天の偉勲を奏して、生霊を山嶽の安きに措《お》くべし。この朕の願い、敢えて懈《おこた》ることあることなかれ。

玉松操の作文は扇動的な文章だった。慶喜は国賊であり、みだりに人を殺し、万民を苦境に陥れている。国賊慶喜を殺せ、というヒステリックな叫びだった。

歴史家石井孝は「詔書は天皇の出す文書のうちもっとも重いもので、それを作成する手続きはひどくめんどうであり、天皇と太政官（とくに議政局）の両者が必ず関与しなければならない。ところがこの密勅は、あらゆる面で詔書の形式と一致していなかった」とし、「密勅の終りには、藤原（中山）忠能・藤原（正親町三条）実愛・藤原（中御門）経之三名の奉となっている。これによると、天皇の意志を奉じて出す綸旨《りんじ》のようでもある。もし綸旨だとすれば、天皇は第三人称で書かれていなければならない。ところが本文では、明らかに天皇が朕という第一人称を用いて、みずからの意志を宣言しているのだから、詔書といってよい。じつに奇妙な形式の文書といわなければならない」（『維新の内乱』）

と疑問を呈し、明らかに偽造だと断言した。

薩摩も長州も国許では、幕府との戦争には反対の声があった。もし敗れたらすべてを失うことになる。これを説得するには天皇の命令が必要だった。偽勅であろうが何であろうが、もっともらしい勅書さえあれば、よかったのだ。

これを手にした大久保は、十七日、京都を出立、鹿児島に向かった。幼帝が正式に即位するのは、翌慶応四年八月二十七日である。元号は明治と改められ、明治天皇となるが、このときまだ権力を完全に掌握しているわけではない。夜な夜な孝明天皇の亡霊が現れ、新帝は心身ともに疲労困憊の状態だった。密勅等知るはずもなかったであろう。

鹿児島に帰った大久保は、主君に討幕の密勅が出たことを報告し、出兵を求めた。

これにそい十一月十三日、薩摩藩兵は藩主茂久や西郷らに率いられ三艦に乗り込み、鹿児島を発った。長州藩も、家老毛利内匠が指揮をとり、奇兵隊以下の諸隊約千二百名と七隻の軍艦を率いて、三田尻《みたじり》港を出港した。安芸《あき》藩兵は、御手洗《みたらい》港でこれに合流し、京都へ向かった。陸路の長州薄兵千三百も尾道《おのみち》まで進んだ。

討幕の体勢はこうして出来上がった。

王政復古のクーデター

土佐藩の後藤象二郎は薩摩を警戒していた。しかし藩内は分裂していた。板垣退助《たいすけ》は武力討幕を主張した。後藤も追い詰められていた。

その最中、十一月十五日、坂本龍馬と中岡慎太郎が、何者かの手によって暗殺された。同夜、帰京した大久保は、動揺する討幕派公家に身辺警護のピストルを配った。

こうした動きを背景に大久保は岩倉とともに、京都朝廷から佐幕派をしめだすクーデターを断行した。

十二月九日、討幕派の公家が集まり、長州藩主父子の官位復帰と入京許可と追放されていた岩倉ら公卿の復帰を決めた。会議が終わって前権大納言中山忠能以下四、五名が、朝廷にとどまった。

そこへ岩倉具視が、六年ぶりに姿を現した。岩倉は小箱をたずさえていた。その箱には、「勅書」がおさめられていた。

これぞ大久保と岩倉の秘策、慶喜抹殺の密勅であった。そして西郷隆盛指揮の尾張、越前、安芸、土佐、薩摩の五藩の兵が宮門をかため、会津、桑名の兵を締め出した。岩倉らはその「勅書」を、天皇に「上奏」した。王政復古の大号令である。

幼帝の下に総裁、議定《ぎじょう》、参与の三職をおく中央政府の設立を謳った王政復古の大号令が出され、幕府も含めた新政権は一蹴された。

慶喜の完全な抹殺である。同日夜、小御所の会議が召集された。幼帝も出席した。慶喜と松平容保は欠席し、薩摩、土佐、芸州、尾張、越前の五藩の重臣が列座した。

土佐の山内容堂は「徳川慶喜が見えないが、すぐにこの将にくわえられたい」と発言した。これにたいして大原重徳が「慶喜の政権返上は、はたして忠誠の意から出たのかどうか、うたがわしい」と答えた。

すると容堂は語気をあらげて鋭くつめよった。

「このたびの変革のやりかたは、陰険なところが多すぎる。ことに王政復古のはじめにあたって、自分らの武力で宮門をかためるなどとは、もってのほかだ。かくのごとき暴挙をくわだてた三、四の公卿の意中は、おそらく幼沖《ようちゅう》の天子を擁して権勢を私しようというのであろう」

と怒鳴った。

まさにその通りだった。すると岩倉が容堂を睨みつけ一括した。

「御前ですぞ。言葉をつつしみなさい。これは、ことごとく聖上の決断に出たものである。幼沖の天子を擁して権勢をぬすみとるなどとは、礼を失することもはなはだしい」

容堂は息が詰まった。

かえす言葉を失った。

そして岩倉・大久保の主張どおりに徳川家の辞官納地のことは決定した。クーデターは完全に成功した。

後藤象二郎は十二月二日にクーデター計画を打ちあけられていた。

自分が慶喜に述べたことは、すべてうそになる。しかし反対すれば土佐が朝敵とみなされる。

困った後藤は松平春嶽に、これを打ちあけた。

驚いた春嶽は、クーデターの三日まえの六日に、慶喜にこれをもらした。しかし慶喜は、驚き当惑しながら手のうちようもないままに時間を空費してしまった。これも信じがたいことだった。

会津の部隊も京都にいたのである。阻止に立ち上がって当然なのだが、まったくその動きはなかった。奇妙な空白であった。

春嶽は後年、「いまより考えれば、とても分からず、茫々たるものにして、海路を失うが如し、茫然自失」と語っているが、雄藩の大名が、この有様ではいかんともしがたかった。それにしても最大のナゾは、慶喜の動きだった。まだタカをくっていたのか、あるいは金しばりに遭ったのか。理解できないことだった。

ペリー来航このかた、幕府側も反幕府側も、それぞれの政治目的に「天皇」を利用してきた。いつのまにか天皇は巨大な権威となり、独り歩きを始めた。すべてを天皇に押し付け、相手を封殺するやり方である。

自らは責任を取らない無責任時代の始まりともいえた。

慶喜と容保は、偽造された密勅によっていつの間にか朝敵となった。この二人は時代をどう見ていたのか。どういう方向に幕府を誘導しようとしていたのか、さっぱり見えてこない。ただただ大久保や西郷や岩倉に翻弄されただけだった。

革命とは

幕末維新は日本型の革命であった。私は若い時代にアメリカのジャーナリスト、エドガー・スノーの『目ざめへの旅』『中国　もう一つの世界』など一連の作品を読んで革命とは何かを実感した。

スノーが毛沢東《もうたくとう》に会ったのは一九三六年、昭和十一年のことだった。場所は万里の長城の南にある保安という山岳地である。日本軍はもちろん、誰も入り込めない辺境だった。スノーは出会った子供たちに聞いた。

「共産主義とは何かね」

「紅軍が白匪や日本軍と戦うのを助ける人です」

といった。白匪とは蒋介石《しょうかいせき》の軍隊である。

そのほかには、

「地主や資本家と闘うのを援助します」

「資本家とはなんだね」

「資本家とは労働しないで、自分のためにほかの人を働かせる人です」

そう子供たちはいった。

それから毛沢東は破竹の勢いで中国全土を支配し、共産主義革命を成立させた。スノーは毛沢東を絶賛した。

慶応三年暮れ、大坂を中心に庶民は「ええじゃないか」と歌いながら踊りまくった。もう幕政に飽き飽きしていた部分もあった。新しい何かを求める機運にもあった。その意思表示が「ええじゃないか」になったという見方もある。踊りの背後には討幕派の影を指摘する声もある。

後年、スノーは共産主義革命の実態を知って毛沢東に幻滅を覚えた。

毛沢東は徹底的に富農を痛めつけた。金持ちの地主の鼻に鉄の輪をつけて紐で結び、その紐を息子に引いて歩けと命じた。富農と見られた者は土地を取り上げられ、公衆の面前で侮辱され、殴られ、銃殺されたり、首を切り落とされたり、生き埋めにされた。

その数は何百万人、何千万人ともいわれた。

幕府は勝海舟のやり方で江戸無血開城に成功し、江戸を火の海から救ったが、京都守護職松平容保の領地、会津若松は灰燼《かいじん》と化し、数千人の犠牲者を出すことになる。中国に比べれば、日本の革命の犠牲者は少なかったと強調する向きもあるが、その後に起こった戊辰戦争は多くの犠牲を国民に強いた。

本格的な革命成立の条件は、武力で相手を徹底的に叩くことであった。

それが鳥羽伏見に始まる戊辰戦争である。

第五章

大坂城へ逃亡

二つの明治維新論

戊辰戦争百四十年に当たる平成二十年は、各地で戊辰戦争の総括が行なわれた。東西で内容がまったく異なるのが大きな特徴であった。

たとえば山口県下関で行われた「明治維新百四十年薩長土肥サミット」では、「明治維新を成し遂げた薩長土肥の志士たちの情熱を受け継ぎ、互いに切磋琢磨して、世界に羽ばたくまちづくりを目指す」とする宣言が採択された。（『山口新聞』十一月十九日朝刊）

席上、東北は依然、敗れたことにこだわり、いささか逆恨みの傾向ありという声も出た。対する東北は福島県の白河市や宮城県の白石市で、イベントがあった。白河のイベントは「白河戊辰祭」、白石市の集いは「戊辰戦争百四十年 in 白石」で、二つとも私がコーディネーターとして出席、司会の役にあたった。

共通する議題は東北、越後の正義であった。

白河では会津と長州の和解の話が出たが、「その時期にあらず」と否定された。白石では和解の話は一切なかった。二つの討論を通して、はっきりしたことは東西で、歴史観が根本的に異なるという事であった。

われわれは勝利したという西国に対して、薩長は不義、義は我にありとする東北の心が、ぶつかりあった。それが東西の百四十年だった。

明治以来、二つの歴史観が存在した。

長州史観の代表作は、末松謙澄の『防長回天史』である。末松は福岡県の出身で、第二次征長戦争の際、長州軍の攻撃を受け、生家の大庄屋は全焼、一家離散の憂き目にあった。明治五年、東京に出て、長州の大物伊藤博文《ひろぶみ》を知り、明治政府に出仕し、後に英国に留学、ケンブリッジ大学で文学、法学を学び、伊藤の二女と結婚、衆議院議員、貴族院議員、伊藤内閣の逓信《ていしん》大臣、内務大臣を務めた人物である。

『防長回天史』は旧長州藩主毛利家の委嘱を受けて編纂した幕末維新史で、会津をはじめ東北諸藩を賊軍と厳しく糾弾した。

対する会津側の文献は北原雅長《まさなが》、山川浩《ひろし》、山川健次郎らの『七年史』、『京都守護職始末』『会津戊辰戦史』である。会津は勤王であり、すべては冤罪だと長州を非難した。北原は会津藩家老神保内蔵助《じんぼくらのすけ》の次男で、後年、長崎市長を務めている。山川浩は会津戦争時、軍事総督を務めた。健次郎は浩の実弟で、戦後、長州藩士奥平謙輔《おくだいらけんすけ》の庇護を受け、アメリカのエール大学に留学、後年東大、京大、九州大総長を務めた。会津側の文献は、薩長の陰謀を非難し、会津の正義の戦いを強調した。

この二つの考えは、今日なお強く生きている。

日本には二つの明治維新論が存在する。その溝は簡単には埋まらない。見解の相違、捉え方の相違であり、その溝が極めて深い。

政治はしばしば、だましあいである。だから政争が起こる。

私は『防長回天史』を否定し、一方的に大久保や西郷や岩倉を非難するつもりはない。強大な幕府を倒そうと考えたら、相手をだましたり、抹殺したりすることは多分、日常茶飯事であり、それに長けた人間でなければ、革命は成就しないに違いない。幕末の革命劇のシナリオを書いたのは大久保だった。

毛利敏彦『大久保利通』に「熟慮断行、目標に向かっておそろしいほどの集中力、持続力をしめす。彼の権力意志は、強烈な自負心と責任感にうらづけられ、職責を回避せず、進んで難局にあたり、目的のためには死をもおそれない」とある。

容易ならざる相手である。加えて彼の背後には奇才の岩倉がおり、西郷が力で後押しした。主導権を握っていたのは岩倉で、その下に大久保や西郷が連なったと見られがちだが、そうではなかった。岩倉は小心なところがあった。

小御所の会議で慶喜を抹殺するとなった段階で、岩倉は動揺を見せた。幕府が本気で武力攻撃に転じたら勝ち目はあるまい、そう思ったに違いなかった。それを見た大久保は、西郷に相談した。西郷は「最後はこれですぞ」と短刀をちらつかせた。反対するものは刺すという意味である。だまし、脅すことを堂々とやる集団、それが大久保たちだった。異議を唱えていた土佐の山内容堂は口を封じられ、岩倉も覚悟を決めた。

西郷には数々のエピソードがあるが、大久保には、あまりない。

『大久保利通日記』を読んでも自分の考えは表に出ていないし、物事に対する感想も書いていない。酒も飲まない。趣味は囲碁、相撲を見ることぐらいで、西郷や龍馬に比べると、国民の人気も低く、「幕府や会津に賊軍の汚名を着せ、薩長独裁政権を作り上げた男」にしては、面白味のない男だった。

素顔が見えないだけに、独裁、専制という悪評が常に付きまとい、恨みを買って暗殺されたのは気の毒だった。

成案なし

一方の当事者、慶喜は大政奉還後の日本の政治をどこまで真剣に考えていたのか。これが極めて怪しかった。相談役が板倉勝静では、いい知恵も浮かばない。勝も小栗もいないのだから初めから如何《いかん》ともしがたかった。

慶喜は回想録、『昔夢会筆記《せきむかいひっき》』でこのときの心境を、次のように語っていた。

「政権返上の意を決したのは早かったが、いかにして王政復古の実を挙げるかについての成案はなかった。公卿、堂上の力では無理であり、諸大名とても同じだった。さりとて諸藩士でも治まりそうもない。朝廷、幕府ともに有力者は下にあって上にない。その下にある有力者の説によって、百事公論に決せばよいとは思うが、その方法に至っては何等の定見がない。

松平容堂が建白を出し、上院・下院の制を設けるべしとあった。これはいかにも良き考えであり、上院に公卿・諸大名、下院に諸藩士を選補して、公論によって政治を行なえば、王政復古の実を挙げることが出来る。これに勇気と自信とを得て、遂に大政奉還を断行した。

またその頃、日本も行く末は西洋のように郡県となるべしと語った事もあったが、これとて実は漠然たる考えであり、その順序・方法などは夢にも思い浮かばず、ただ将来の見込みを述べたまでである」

というのだった。

幕府には西周《にしあまね》の幕府改造計画があったはずである。ロッシュも具体案を示していた。慶喜はこれらをどこまで真剣に受け止めていたのか。この回想を読む限り、うわの空で聞いていたとしか思えなかった。これでは日本のリーダーにはなれない。ダメ男、それが慶喜の素顔だった。

一方、東北の立場だが、残念ながら二歩も三歩も遅れていた。薩摩が兵を率いて江戸にくだり、京都に立ち寄った段階で、仙台藩は軍勢を率いて上洛すべきだった。

これを指してか、勝海舟は、「東北には人物がいない」といった。海舟にいわれたくないと思うのだが、越後の河井継之助《かわいつぐのすけ》のような人材がもっとほしかった。松平容保も権謀術数に長けた政治家ではなかった。家臣団も正直を旨とした。

生まれ育った風土、地域にも関連するのだが、会津を初め東北の人々は、概して正直で、だますことは不得意だった。

二条城

場面は二条城に変わる。御所から追放された慶喜と容保は二条城にこもった。

幕府の拠点・二条城

十二月十一日、二条城で軍議が開かれた。松平豊前守、陸軍奉行竹中丹後守以下が列席した。会津藩からは家老田中土佐《とさ》、若年寄諏訪伊助、倉沢右兵衛、桑名藩から小寺新吾左衛門らが出席した。

戦うべしという声があるなかで、会津の田中は腰が引けていた。

「何ゆえ」

と、松平が問うた。松平は老中格である。

「既に京都守護職にあらず」

と答えた。真面目な田中は、戦う理由がないと考えた。

「前将軍は軍職を失ったが、なお八百万石を有する諸侯の棟梁なり。奸邪を討って君側《くんそく》を清めるのに何の不可があらん」

松平は叫んだ。

「万一、皇室を汚す事なきや」

と慶喜がいった。慶喜は朝敵の影におびえている。完全に逃げの姿勢である。

慶喜はつい先日まで日本国の大君だった。人間としての誇りはないのか。これほどこけにされて、なぜ戦わないのか。逃げれば何か展望が開けるのか、将軍にふさわしくない人物が将軍の座についてしまった。

松平容保は、全面的に慶喜を尊敬していたとは思えないが、自分の意見を述べて反論するタイプではない。ただ黙っている。家臣団は歯がゆく思っていた。会津藩の若手は、長州にとどまらず薩摩も討つべし、そう叫んできた。実際はすべてを薩摩が仕切り、長州を動かしていると見ていた。しかし、すべて慶喜に追随するのが容保の政治だった。

それが田中土佐の発言に現れていた。

主君が消極的であれば、補佐する家老もそうなる。松平のほかに竹中丹後が強く、薩摩屋敷の襲撃を主張したが、慶喜は無視した。これは『七年史』に書かれた光景である。

不甲斐ない空気に激怒したのが、会津藩の佐川官兵衛である。佐川はクーデターの日、会津の若手で編制した別選組と諸生隊を率いて御所の警備に当たっていた。突然、薩摩兵が乗り込み、御所を包囲した。佐川は薩摩兵をにらみつけた。しかし突然のことである。

会津藩が本陣をおいた金戒光明寺

金戒光明寺の方丈前庭

為す術がなかった。御所でなければ、戦も辞さなかったが、御所で発砲はできない。

薩摩の兵は銃口を会津兵に向け、威嚇した。長州兵も続々、都に入って来た。それを見ながら手をこまねいている慶喜に失望、落胆した。容保公も弱い。佐川は物足りなかった。

京都には幕府歩兵、会津、桑名藩兵、新選組、その他あわせると幕府軍は一万五千、薩摩、長州、土佐などの戦力は、勝敗は悪くても五分五分だった。京都のこの時点では四千前後である。幕府軍が火蓋を切れば、地理に慣れている分、幕府側が有利だった。

佐川は別選組と諸生隊を二条城の玄関脇に配備していた。気がつくと玄関に美麗な輿が準備された。聞くと慶喜は大坂城に落ち延びる算段だという。同士の高津忠三郎からこのことを知った佐川は、

「馬鹿な」

と顔色を変えた。朝敵と名指しされただけで京都を捨てれば、自ら朝敵の汚名を認めたことに

なる。高津は幕府重臣に強く抗議した。しかし慶喜は一刻も早く逃げる算段で、輿を裏口に運び、それに乗って裏口から逃げようとした。

「逃がしてはならぬ」

佐川は裏門に兵を回し慶喜の逃亡を阻止した。慶喜は身動きがつかなくなった。既に市街では争いが起こっていた。

薩長の兵が我が物顔に市中を歩き回り、会津藩の守護職屋敷にも入り込まんとしていた。佐川は弟の又四郎と常盤次郎に兵をつけ、見回りに出した。二人とも剣の達人である。守護職屋敷の前で、薩摩兵八人と斬りあいになった。又四郎らは薩摩兵二人を切り伏せ、四人にも重傷を負わせたが、又四郎と次郎も斬り付けられ、又四郎は守護職屋敷に入って絶命した。

この知らせはすぐに二条城に入った。佐川は即座に高津ら数人を率いて飛び出し、守護職屋敷に駆けつけ、又四郎の頬に手を当て、泣き叫んだ。もはや戦いだと佐川は二条城に駆け戻って皆に叫んだ。

会津兵は激怒し、直ちに薩摩藩邸に向かい、焼き討ちせんとした。これを容保が止めた。

「かくのごとき行為は、慶喜公に累を及ぼすものなり、よろしくわが命を待つべし」

という。

「それは出来ぬ」

佐川は公然と反論した。戦うのはいまだと佐川は強く感じていた。兵力は完全に幕府軍が優勢であり、加えて薩摩兵の多くは京都の地理を知らなかった。どこに御所があり、どこに二条城があるのかも知らない兵が含まれていた。鹿児島からにわかに連れてこられた兵にとって、京の都は大都会であり、ただ驚くばかりであった。そこを攻撃されたらひとたまりもなかった。

近藤勇《いさみ》も戦いを主張した。

京都の幕府軍は歩兵奉行並佐久間近江守の歩兵二大隊、歩兵頭窪田備前守の歩兵一大隊、陸軍奉行竹中丹後守の歩兵一大隊などの精鋭である。兵に不足はなかった。

あとは気迫だった。一体、慶喜は何を考えていたのだろうか。一時は激高し、戦わんとしたという記述もあるが、当初から逃げる算段でいたことは間違いない。輿の存在がその証拠だった。

武将の立場で考えれば、これほどの屈辱を受けた将軍は外にいなかった。

朝敵とし討伐せよと侮辱されたのだ。普通の人間なら薩摩屋敷を攻撃し、御所を包囲するはずであった。公家達は狼狽し、慶喜にすりよって来るに違いなかった。

慶喜は一切を無視し、容保と定敬を連れて、大坂に下った。「我に策がある」といったが、実は何もなく、怖いから逃げる、そんな感じだった。

「内府公が大坂に下った今、京都において万一、暴挙に及べば、徳川氏二百有余年の忠勤水泡に帰する。もって一同慎重に警衛の任に当たるべし」

会津の兵士には、田中土佐からこのように命令があり、高津忠三郎は悲憤号泣した。

弟の遺骸を置いて、おめおめと大坂に逃げ延びるのだ。佐川も言葉を失った。

腰抜け将軍のもとでは、まったく展望は開けない。会津藩兵は怒りに身を震わせた。

西郷も大久保も京都で戦闘になれば、一大事であり、勝利の公算は低いと見ていた。会津藩と新選組は京都市内を熟知しており、敗れた場合は天皇を連れて長州に逃げる算段だった。戦を決意すれば、もちろん会津軍は戦闘に踏み切っただろうし、佐川と近藤が独自の判断で火蓋を切れば、即、開戦になるはずだった。会津藩は公用局に有能なスタッフを集めていた。彼らはこの事態をどう分析していたのか。疑問の多い問題だった。西郷にとって、幕府、会津軍が大坂に引き揚げたことは、実に幸運だった。

薩摩は、京都を完全に掌握したことで、大砲、小銃を使っての野外戦に転じることが出来たからである。

西郷は江戸の藩邸に指令を出し、無頼の徒を集め、強盗、放火、陣屋の襲撃を行なわせた。これは大坂の幕府、会津軍を戦争に引きずりこむための得意の謀略だった。西郷は薩摩の武力にある程度の自信を持っていた。

薩長の軍事力

薩摩藩は、薩英戦争で、イギリス海軍のアームストロング後装砲に砲撃されて、新式銃砲の輸入を始めた。新式の施条銃、いわゆるライフル銃の導入に踏み切ったのは、慶応元年である。明治元年十一月までに六千五百挺のライフル銃を購入した。銃種の多くはエンフィールド銃で、イギリス製の前装ライフル銃である。指導に当たったのは、上田藩の赤松小三郎《こさぶろう》で、長州の大村益

鶴丸（鹿児島）城跡

次郎と並ぶ西洋兵学者だった。

赤松が帰藩を命ぜられると、機密保持のために暗殺した。薩摩の非情さがここにも出ている。

大砲はアームストロング野戦砲四門を購入したほか、集成館でフランス式青銅施条砲を鋳造、砲隊に配備した。総兵力は約一万一千、戊辰戦争に出兵したのは、鉄砲隊四十二小隊、砲隊六、軍艦二で、その兵力は約四千五百とされている。

一方、長州藩で特筆されるのは奇兵隊である。

高杉晋作が、奇兵隊を結成したのは、文久三年（一八六三）である。奇兵隊の綱領の第一条は陪臣、軽卒、藩士、誰でも入隊できるという門戸開放が謳われていた。隊法は和流でも西洋流でもかまわないとあった。かといって藩から飛び出した組織ではなく、藩主公認の軍隊である事も謳われた。費用の面からすれば、藩とかけ離れた存在では、成り立たないことも事実だったが、最大の特色は家格、身分の枠を撤廃したことだった。

「奇兵は敵衆の虚をつく、神出鬼没して敵を悩ませる」と『防長回天史』にあった。隊員の構成は士分格と農町民が半々だった。

長州の総兵力は家臣団隊約八千、奇兵隊など諸隊千五百、農商隊千六百の一万一千余だった。薩摩に匹敵していた。

鳥羽伏見への出兵は第二奇兵隊、奇兵隊、遊撃隊、整武隊、振武隊、鋭武隊、膺懲隊など兵員は六百六十三人で、その後、山陽道に千二百四十五人、奥羽に六百五十人、北越に千五百二十人、箱館に五百五十八人、総計四千六百三十六人が出兵し、死者は三百十人、負傷者五百九十二人を数えた。（田中彰『高杉晋作と奇兵隊』）

武器は最新式の小銃が配備されていた。

武器は主に長崎のグラバー商会から購入された。長州藩は一時期、朝敵だったために、武器の輸入は禁ぜられ、土佐藩や薩摩藩がなかに入って輸入した。第二次長州戦争のときは、薩摩藩名義でミニエー銃四千三百挺、ゲベール銃三千挺を購入した。

ミニエー銃の威力はすごいものがあった。ゲベール銃の有効射程距離は百メートル以内だったが、ミニエー銃は銃身の内部にラセンの溝、施条が刻まれており、発射方向にまっすぐ飛ぶようになっていた。射程距離は三百から五百メートルで、火縄銃やゲベール銃で戦ったら、皆殺しに遭う新鋭の武器だった。加えて主力の奇兵隊は訓練が行き届いており、野放図のように見えていても、規律も厳格で、統制違反をすれば切腹を課した。

ミニエー銃を持った武隊は、殺人マシンのようなものであり、その破壊力は群を抜いていた。

グラバー商会は、薩摩、長州の軍事力強化に限りなく貢献した。幕府はグラバーにやられたようなものだった。
幕府もグラバー商会と無縁ではなく、慶応元年四月、長崎奉行を通じて七十ポンド先込砲十五門、十二ポンド後装砲十門、八ポンド後装砲五門、六ポンド後装砲五門、計三十五門を発注した。金額は砲弾も入れて約十八万三千八百ドルだった。
しかし到着したのは慶応三年の一月から八月にかけてで、幕府の支払いが悪かったため、大半は薩摩や長州に渡ってしまった。（杉山伸也『明治維新とイギリス商人』）
幕府のやることは後手々々だった。

西郷の謀略

西郷は郊外での短期決戦ならば勝てると考えていた。京都であれば、ゲリラ戦となり苦戦は免れなかったが、鳥羽伏見の街道筋であれば、小銃、大砲で幕府軍を圧倒することは可能だった。このため、なんとしても大坂の慶喜に戦争を起こさせる必要があった。

薩摩の名前で江戸を徹底的に荒らしまわる、それが西郷の謀略だった。

指令を受けたのは旧幕臣酒井某の家来相楽総三《さがらそうぞう》の一派だった。相楽は薩摩藩邸を根拠とし、夜な夜な火付けや強盗を働いた。大胆不敵、江戸城にも三度、忍び込み火をつけた。指揮したのは薩摩の伊牟田尚平《いむたしょうへい》と益満休之助《ますみつきゅうのすけ》である。

留守幕閣もたまりかね江戸市中取締、庄内藩主の酒井左衛門尉と幕府の新徴組に薩摩藩邸の攻撃を命じた。伊牟田や相楽らは用意していた船で江戸を脱出、兵庫に逃げ帰った。

この報に、大坂城中はたちまち討薩論一色となり、慶喜も押されてうなずいた。どこかあいまいな態度だったが、まだ徳川宗家の大大名としての威厳を完全に失ってはいなかった。

十二月中旬から準備に入り、西の宮や守口、住吉口に姫路や紀州の兵を配置した。大坂城には歩兵頭横田五郎三郎の二大隊、河野外一郎の二大隊、窪田泉太郎の一大隊、小笠原石見守の一大隊、歩兵奉行並徳山出羽守の二大隊などが固め、撒兵隊、銃隊、砲兵隊、遊撃隊などはいち早く淀、八幡、山崎などに派遣され、森口、枚方《ひらかた》などを固めた。

会津、桑名を加えれば一万五千の軍勢である。敵の狙撃隊の餌食にならなければ、十分に勝てる戦力だった。

弱気の虫

しかし、戦いの直前になって慶喜は風邪をひいた。

得意の仮病に違いなかった。陸軍の上層部と会津に攻められて「戦う」といってはみたものの弱気の虫が頭をもたげ、布団をかぶって寝ていた。見かねて老中の板倉がいった。

「将士の激昂大方ならず、兵を率いて御上京あるより外、術《すべ》はございません」

すると慶喜は、読みかけていた孫子の兵法を示し、

「彼を知り、おのれを知らば、百戦あやうからず。これは今日においても緊要なる格言だ。一体、

譜代、旗本の中に、西郷に匹敵すべき人材がおるか」

といった。敵の大将の名を挙げるとは、驚きの発言だった。

板倉はしばらく考えて、

「そのような人物はおりません」

「では大久保に匹敵するものはおるか」

「これも」

板倉は言葉に詰まった。

『徳川慶喜公伝』に記述されている二人のやり取りである。

「薩摩と開戦しても、勝てるのか。結局はいたずらに朝敵の汚名を蒙るのみではないか。決して戦をすべきではない」

慶喜はまたも戦意を失っていた。ここまで来た以上、板倉も下がれない。

「しかし、どこまでも彼らを拒めば、上様を刺しても脱走せんとする勢いです」

板倉は慶喜に迫った。

「よもや累代《るいだい》の主人に刃を加うる事もなかろうが、脱走となれば、国乱の基となる」

慶喜は深く歎息をついた。そこに江戸の騒乱が伝えられた。全員、激怒し、もはや止めようがなかった。

正月二日出陣、三日入京と決まった。

一万五千の大軍で押しかければ、敵は道を空けると判断した。上から下までなぜこんなに甘いのだろうか。

天皇への奏聞書には「臣慶喜謹で去月九日以来の御事体を恐察するに、決して朝廷の御真意にあらず、まったく松平修理大夫らの陰謀より出たものである事は、天下の共に知る所である。やむを得ず誅戮《ちゅうりく》を加える」としたためた。そして次の部署を決めた。

軍配書

黒谷には歩兵奉行並佐久間近江守（信久）を将として、歩兵頭河野佐渡守の歩兵二大隊、砲兵頭並安藤鏐太郎の砲兵四門、遊撃隊頭今堀摂津守（柳営補任越前守に作る）の遊撃隊百三十人、及騎兵三騎、築造兵四十人、会津藩の兵四百人と砲一座、松平讃岐守（頼聰、讃岐高松藩主）の兵八小隊之に属し、攻撃の前日に出張。

大仏には陸軍奉行並高力主計頭を将として、歩兵奉行並横田伊豆守の歩兵二大隊、及砲兵二門、騎兵三騎、築造兵四十人、会津藩の兵四百人と砲一座、稲垣平右衛門（長和、志摩鳥羽藩主）の兵二小隊之に属し、攻撃の前日出張すべし。

二条城には陸軍奉行並大久保主膳正を将として、歩兵奉行並徳山出羽守の歩兵二大隊、及砲兵四門、騎兵三騎、佐々木只四郎（京都見廻組組頭なるべし）の見廻組四百人、本国寺組二百人、築造兵四十人之に属し、攻撃の前々日出張する。

伏見には歩兵奉行並城和泉守を将として、歩兵頭窪田備前守の歩兵一大隊、同並大沢顕一郎の歩兵一大隊、砲兵頭並間宮鉄太郎の砲兵四門、及新選組百五十人、騎兵三騎、築造兵四十人之に属すべし。

鳥羽街道には陸軍奉行竹中丹後守（重固）を将として、歩兵頭秋山下総守の歩兵一大隊、歩兵頭並小笠原石見守の歩兵一大隊、砲兵頭谷土佐守の砲兵二門、及桑名藩の兵四小隊と砲二門、松平右近将監（武聡、石見浜田藩主）の兵三十人之に属し、攻撃の当朝より鳥羽へ出張して東寺へ向うべし。

淀本宮には老中格松平豊前守出張、之に属するは豊前守の手兵一小隊（四十人）、御側御用取次室賀伊予守（正容）の手兵二小隊、戸田采女正（氏共、美濃大垣藩主）の兵五百人で、令を待ち京都へ繰込む。

橋本関門には酒井若狭守（忠氏、若狭小浜藩主）松平下総守（忠誠、武蔵忍藩主）の兵若干、西の宮には撒兵頭並須田雙一の撒兵半大隊、及砲兵一門、会津藩の兵二百人。

兵庫には会津藩の兵二百人、松平阿波守（蜂須賀斉裕、阿波徳島藩主）の兵若干、大坂蔵屋敷には撒兵頭天野加賀守の撒兵九小隊、撒兵頭並塙健次郎の撒兵若干、砲兵頭並吉田直次郎の砲兵一座、会津藩の兵四百人が駐屯する。

大坂城の警衛（但城門勤番）は、陸軍奉行並大久保主膳正の奥詰銃隊八小隊、同戸田肥後守の奥詰銃隊八小隊、銃隊頭並杉浦八郎五郎の銃隊四小隊、撒兵頭並三浦新十郎の撒兵四小隊、城外廻り関門十四箇所は、歩兵頭並小林端一の歩兵一大隊之に当る。

紀州藩の兵は市中を巡邏し、松平刑部大輔（信古、三河吉田藩主）の兵は戸田采女正の兵と交

代して諸門を勤番し、老中酒井雅楽頭（忠惇。播磨姫路藩主）板倉伊賀守の兵は城廻りを巡邏し、
松平伊予守（久松定昭、伊予松山藩主）は天保山に屯す。
又稲垣平右衛門の兵は大仏の兵粮護衛、井伊掃部頭（直憲、近江彦根藩主）の兵は黒谷の兵粮護衛に当り、歩兵頭福王駿河守・歩兵頭並庄勘之助・附属一大隊は、大津より三条大橋まで繰込む。

大坂城

という配備だったが、この軍配には根本的な欠陥があった。

軍事史家大山柏は「途中の行軍や不慮の戦闘については全く考慮されていない。ゆえに、いったん途中で、まだ戦闘予定配置ができぬうちに戦闘が起こるや、狭院の地域に徒《いたず》らに多数の軍隊を密集せしめた結果、かえって混雑を惹起《じやつき》し、全く統一指揮が出来ないのみか、広く展開して兵力に応じ部隊配置を適切に指導し得ない」と指摘した。

海軍の役割も不明確だった。

軍勢についても異論があった。

慶喜が二条城中に入ったときの軍勢は、旗本の兵五

千余人、会津兵三千余人、桑名兵千五百人、全体で一万という数字もある。徐々に殖えて一万五千になったのか。

対する西郷は戦争勃発と同時に天皇は密かに山陰道を下り鳥取に向かうことにしていた。そのとき、主力は比叡山に移し、幕府軍を欺くつもりだった。天皇さえ奉戴《ほうたい》していれば、自分たちは官軍であり、絶対優位の立場にあった。

幕府軍は朝敵の汚名を受けるリスクを負っていた。そのためには、いち早く京に軍隊を送り、天皇が脱出する前に御所を包囲し、西郷と交渉を進める必要があった。

第六章

鳥羽伏見の戦い

一発の砲声

幕府軍は政権を返上したので、厳密にいえば旧幕府軍に変わっているが、誰もその意識はない。まだ気持ちは幕府軍である。

慶応四年正月三日。太陽暦、正月二十八日である。

慶喜は依然、風邪と称して、寝衣のまま臥せっていた。これも前代未聞の光景だった。これから戦争が始まるというのに、総司令官が姿を見せないのである。明らかに戦う姿勢がなかった。ならば明確にそのことを意思表示すべきではないか。

容保は困り果てていた。この際、慶喜はどうでもよい。将兵ががんばって京に攻め上るしかない。精鋭の会津の兵士に期待を寄せた。

大坂城は東に大和川《やまとがわ》が流れ、北は淀川、西は海と三方を自然の要害に囲まれた難攻不落の名城であった。豊臣秀吉が築いた天守閣は外観五層、内部は九階、あるいは十階ともいわれる豪華絢爛たるものだった。

このときの本丸は当時のものではない。大坂夏の陣で落城し、豊臣氏もろともつい去った。徳川の時代になって、二代将軍秀忠《ひでただ》から三代将軍家光にかけて再築、石垣の高さや濠の幅、深さなどは豊臣時代をしのいだ。

そのころ幕府軍は、鳥羽伏見の南街道を進軍していた。会津、桑名、高松、松山、大垣などの

伏見に上陸した会津藩

番兵約一万名である。大坂には大坂城を中心に五千の兵が待機していた。

対する京都の兵力は、約五千名。伊地知正治《まさはる》が総監軍を務め、野津鎮雄《しずお》、村田新八、桐野《きりの》利秋《としあき》、川村純義《すみよし》が各隊を率いた。伊地知は会津の戦争まで薩摩軍を指揮する。気の強い男であった。

数の上では、圧倒的に幕府軍が有利である。長州兵はまだ少ない。

幕府の先鋒は朝廷に差し出す「討薩の表」を持った幕府大目付滝川具挙《ともたか》である。

先鋒軍は鳥羽街道で、薩摩藩兵にぶつかった。幕府軍の入京を知った薩長軍は、四千の兵を伏見と鳥羽に分け、戦闘態勢を固めている。

薩摩兵は全員が筒袖、ダン袋ズボン、円錐形の軍帽で統一され、軍楽隊を先頭に出陣した。薩長軍が勝つためには、幕府、会津藩兵を京都の入り口で破るしかない。京都に進入されては、防ぎきれない。

「全力をあげて入京を阻止せよ」

西郷は全軍に下知している。

滝川は「内府公の入京に当たり、先供の兵が入京する」といい、突破しようとしたが、薩摩兵は、「朝廷の許可があるまで通行は認めない」と、頑として拒否した。

幕府軍の隊形は、先鋒の滝川の周辺に京都見廻組、その後ろに幕府歩兵、さらに砲兵と続く。どうしたことか、歩兵は戦闘隊形をとっていない。砲兵も同じだ。ただぼんやりと交渉を見守っている。斥候の兵もいなければ、陣地構築の動きもない。薩摩兵は陣地を築き、大砲には弾丸を装填している。

全員が決戦の覚悟で布陣していた。夕刻に至って交渉は決裂する。

滝川は、「押し入って入京する」といい放ち、護衛の京都見廻組に強行突破を命じた。

薩摩の軍監が後方に下がった瞬間、突然、薩摩兵のラッパが鳴り、轟然と大砲が火を噴いた。散開した銃隊からも激しく銃撃が開始された。

鳥羽に来ているはずの幕府陸軍の総指揮官、陸軍奉行竹中重固《しげかた》は、伏見にいて先鋒に加わっていない。これは明らかに幕府軍の手落ちだった。

的確で、凄まじい砲弾が、狼狽した幕府歩兵の頭上に落ちてくる。

砲撃は大地をゆるがせ、兵士たちは、真っ蒼になって逃げまどう。

薩摩兵は、間断なく小銃を撃ち続け、耳をつんざく轟音が響き渡る。

幕府軍の信じられない判断の甘さである。幕府の大軍が進撃すれば、京都軍は恐れをなして道をあけると考えたのだ。

薩摩藩大砲隊

ここを守っていた薩摩兵は、小銃五番隊、六番隊、外城二番隊、一番砲兵半隊のわずか四百名に過ぎない。大砲も四門しかない。幕府兵の半分以下の兵力なのだ。だが決定的に違うのは、戦闘配置についていたことである。後方に大砲を据えて、街道周囲の竹藪には小銃隊をひそませている。まず大砲で先制攻撃をかけ、次に散開した小銃隊が雨のように銃弾を浴びせる。

その作戦がものの見事に当たった。

京都見廻組

鳥羽街道での勝敗は一瞬にして決まった。

滝川の馬は狂奔し、滝川を街道に振り落とした。それはこの戦いを象徴する出来事だった。滝川は仰天し、馬を拾うや、味方の兵を蹴散らして逃げだした。後続の幕府歩兵は、小銃や背嚢《はいのう》を投げだして退却する。いったんくずれた隊列は元に戻らない。

京都見廻組の隊員たちは、歩兵が捨てた小銃を集め、にわか作りの小銃隊を編制、立ち向かった。一部の歩兵も隊列を戻して攻撃するが、指揮官のいない軍隊ほど弱いものはない。いたずらに敵の包囲網に突っ込み、バタバタと撃ち倒される。虎の子の洋式部隊が問題にならないのだ。あたりには「日の丸」の旗や屍体が散乱し、収拾のつかない大混乱に陥っている。この段階では幕府が、日本の政府である。「日の丸」の国旗は幕府が掲げていた。

薩摩兵は陣地を構え、斥候兵が出て、たえず幕府兵の動きを報告し、小隊長の命令一下、息もつかせぬ銃弾の雨を降らせる。

幕府歩兵は、散開しないまま、行軍縦隊で突撃するからたまらない。竹藪から斜射《しゃしゃ》され、大砲の集中砲火を浴び、吹き飛ばされる。

大活躍の京都見廻組は新選組と並ぶ警察部隊である。新選組が農民出身者で占められていたのに対して、旗本の二、三男で組織した。新選組に比べると、その活動はあまり明らかでないが、慶喜や容保の警備に当たった剣客たちである。

与頭《くみがしら》の佐々木只三郎は会津生まれ。父が江戸在勤中、旗本の佐々木家に養子に入った。兄は会津藩の公用人、手代木直右衛門《てしろぎすぐえもん》である。会津武士の血が脈々と流れている。撃剣《げつけん》の腕は幕府講武所随一といわれ、薩長の兵士は近藤と佐々木をもっとも怖れた。

佐々木は白刃をふるって突撃する。屍体を乗り越え、斬り込んだが、一斉射撃を浴び、もんどり打って倒れた。佐々木は救出されたが、大坂から江戸に戻る途中、紀州で命を絶った。

薩摩側の史料（『薩藩出軍戦状』）は、この日の戦果を次のように記している。

会津藩兵の苦戦

「急いでラッパを吹くや、中央に配置した四斤半の大砲を放ち、竹藪のなかから小銃を撃ちかけた。また城南に備えた四斤半の大砲三挺を横から発射し、六番隊も西側土手の竹藪から射撃した。後方に控えていた部隊もころ合いを見て、街道中央の大砲を放った。

左側の田畑からも小銃で射撃した。皆十分に引きつけて射撃したので、賊は蜘蛛《くも》の子を散らすように四方に散乱した。間もなく陽も暮れたので、味方に射止めの命令を下し、一同凱歌をあげ、敵がいそうな家を囲んで放火した。もはや賊は一人もおらず、敵は日の丸、小旗、大砲、小銃を投げ捨て、死骸も数多く横たわっていた。ひとまず味方集合のラッパを吹きならし、陣地に引き揚げたが、わが隊は死傷者もなく、威風凛々として、どのような鉄壁も瞬時に粉砕する勢いで、初戦より愉快であった」

近代装備の薩摩軍と戦うには、幕府大砲隊、歩兵を前面に出し、京都見廻組は、最後の突撃隊でなければならなかった。薩摩の砲隊はつぎつぎに連続発射して、幕府兵を潰走させた。

伏見は善戦

伏見市中の奉行所には新選組がいた。竹中重固の指揮する歩兵二大隊、砲四門も後方に着いていた。隣の東本願寺御堂には会津藩兵約六百名が着陣していた。会津の兵編制は、一陣（四隊、二砲隊）である。和洋混然としており、槍隊もいた。

対する京都軍は、奉行所と御堂を完全に包囲していた。右翼を土佐、左翼を長州、その背後に薩摩の砲隊が布陣していた。砲九門。四斤砲、六斤砲、携臼砲を備えていた。付近の物陰には薩摩の狙撃兵がひそみ、「いまや遅し」と開戦を待っていた。

鳥羽方面に銃声が上がるや、薩摩藩砲兵隊は奉行所に向け大砲を発射した。会津藩砲兵隊頭林権助《ごんすけ》が急いで四斤砲を装填し、撃ち返した。

新選組副長土方歳三《ひじかたとしぞう》は、甲冑陣羽織の古色蒼然《こしよくそうぜん》たる姿である。会津藩兵と出陣の祝い酒を汲み交わし、「誠」の隊旗を手に、抜刀して踊り出た。

薩摩兵は密着型の四列射の構えで待っている。前二列が膝立射、後二列が立射である。そこへ斬り込んだからたまらない。バタバタと撃ち倒される。

土方歳三も手が出ない。新選組の剣士たちは歯軋りするが、どうにもならない。

会津兵も突撃した。正面にいるのは宿敵長州兵である。長州の奇兵隊は幕府との戦争で、銃撃戦を経験している。しかも、足軽や農民出身の命知らずの精鋭である。住民が逃げ去った空き家から、畳を引きだし、それを道ばたに十重《とえ》、二十重《はたえ》に重ねて、その中から射撃する。

幕府軍の中で最も勇敢に戦ったのは会津兵だった。大砲隊は渾身の力を込めて砲撃し、佐川隊は幕府歩兵の小銃を奪って、撃ちまくった。その勇猛さは、薩長兵の心胆を寒からしめた。しかし、京都軍の圧倒的な砲火の前になす術もない。三日には奉行所も占領され、退却を余儀なくされた。伏見の町は戦火で赫々と燃え、そのなかに幕府軍や会津藩兵の屍体が遺棄されていた。

錦旗に仰天

西郷は京都にいたが、我慢が出来なくなり、伏見の戦場に姿を見せた。

戦況は京都軍に有利であり、西郷は三日の夜、御所に詰める大久保に「初戦の勝利、皇運開立のもとと大慶このことに候。兵士の進みも実に感心の次第、驚き入り候」と勝利を伝えた。

これを聞いて岩倉も安堵した。岩倉は慎重な男だった。幕府軍が京都に侵攻した場合、どうするか、そのときの対応策を考えたのは西郷ではなく、岩倉だった。『岩倉公実記』に次の記述がある。


初め賊軍北上の知らせを得たとき、頼るべきは薩長二藩のみである。しかし二藩の兵は少なく、

逃げまどう庶民

必勝は期しがたいので、奇計を用いて賊軍を疲弊させるしかないと思えた。そこで岩倉は西郷、大久保、広沢兵助とともに防戦について協議した。万が一、鳥羽伏見で敗れたときは、天皇は婦人を装い、女官の輿に御し、御所を出て、三條と中山が従い、薩長の兵士が護衛し、山陰道を取り、芸州、備州（広島、岡山）の間に出て、潜伏し、西南諸藩に使いを出し援軍を仰ぐ。自分は京都に残り、尾張、越前の諸藩に命じ、比叡山に天皇を匿ったと見せかけ、この間に仁和寺宮が東北に下向して勤王の士を集め、江戸城を攻撃する。

このような戦略だったという。なるほどと思わせる作戦だった。立体的に戦うという点で、注目される内容だった。問題は幕府軍の京都占領がなれば、この作戦は一気に崩れることは必至だった。幕府は勝たねばならなかった。

しかし、四日の戦争で敗れてしまった。この日、幕府は黒谷に向かう予定の歩兵二大隊を伏見に投入、攻撃に出たが、佐久間信久、窪田鎮章《しげあき》の大隊長が狙撃され戦死して大隊は離散し、幕府軍は挽回不可能になった。

二人はフランス陸軍のシヤノワンやブリューネから近代戦の戦法を学んだ上級指揮官である。戦死した窪田鎮章は、洋式戦法の権威といわれた。しかし、現実には何も生かされずに薩長の銃火にさらされた。

そこに錦旗《きんき》が現れた。

この知らせに慶喜が仰天した。

慶喜の生母は有栖川宮織仁親王《ありすがわのみやおりひとしんのう》の王女である。つまり慶喜は、徳川と京都の皇族の混血だった。他人よりは遥かに皇室に敏感だった。これに対して岩倉や大久保は、天皇を玉と呼んでいた。ときには絶対的な意味を持つ「ギョク」と呼び、ときには「タマ」と呼び捨てにした。天皇を策略に使うときは、「タマ」だった。

天皇を尊敬していたわけではない、道具の一つと考えていたとしか思えない。会津藩は、後に輪王寺宮を北方政権の天皇に擁いている。会津藩の方が、より現実的な天皇観を持っていたことになろうか。皇室を身近に眺めていた会津藩ならではの策略だった。

慶喜は日本の最高権力者としての自覚が極めて稀薄だった。織田信長の場合は、自らを天皇の上に位置づけようとしたが、慶喜は錦旗を見ただけで震えた。天皇崇拝で固まった水戸徳川家の出であった事も関係しているかも知れないが、ひどく小心だった。

慶喜が自分の気持ちを語った『昔夢会筆記』は、あくまでも後年の感想である。時間的なずれもあるし、都合のいいように言い換えている部分もあるに違いない。その意味で、どこまで本当か、疑わしいところもあるのだが、実は慶喜は克明な日記を残していた。しかし上野に謹慎中、焼却処分してしまった。

これですべてが封印されてしまった。現存すれば、何かもう一つ、別な顔が浮かんできたに違いない。残念というしかない。

慶喜逃亡

五日、大坂城では、慶喜を中心に最後の評定が開かれた。大広間には首席老中板倉勝静、老中酒井忠惇《ただとし》、老中格大河内正質《おおこうちまさただ》、松平容保、松平定敬ら幕府、会津の首脳が徹底抗戦を誓った。

『会津戊辰戦史』によると、この日の慶喜は人が変わったように饒舌だった。

風邪で臥せっていた人間とはとても思えなかった。

「事、すでにここに至った。しかし、千騎戦没して一騎となるといえども退くべからず」

その姿に人々は、慶喜もようやく本気になったと錯覚した。

容保は信じがたい表情で、慶喜を見た。

これまで何度も、慶喜に裏切られている。今度こそ本当かも知れない。そう思った。慶喜はなおも、言葉を続けた。

「汝らよろしく奮発して、力を尽くすべし。もし、この地敗れても関東があり、関東が敗れても

錦旗揚がる

水戸あり。決して中途で止まざるべし」

重臣たちは慶喜の言葉に歓喜した。しかし、慶喜の詭弁には定評があった。独特の勘で、流れに敏感であった、ということかも知れない。

「一騎となるとも退くな」

と、いいながら、錦旗の出現は衝撃だった。

慶喜には先が見えていた。戦いに勝ちさえすれば、クーデターなど夢もまた夢と化してしまう。薩長は孤立し、越前、土佐、尾張など京都にいる軍勢は、たちまち徳川になびき、再び慶喜が日本の頂点に立つ。慶喜はそう考えた。

しかし、幕府軍はあえなく敗れ、幻のような京都政権が天皇政権となり、錦旗が揚がった。

慶喜は大坂城脱出を考える。

慶喜逃亡に追い討ちをかけたのは、会津藩の神保《じんぼ》修理《しゅり》の一言だった。

修理は会津藩の中では懐疑派だった。これが正しかったかどうかは別である。

会津藩軍事局の一員として、戦況を視察していたが、修理は終始、懐疑的にこの戦いを見ていた。六日朝、前線から戻った修理は、慶喜、容保に拝謁し、襟を正して語った。

「徳川家が累代の政権を朝廷に返上し、公議輿論をもって、天下の国是と決めたことは至大の美挙、と存じます。いまや、慶喜公は、前将軍であらせられる。すでに政権なく、また責任なし。したがって、薩長を暴臣だとして、直ちに君側の好悪を除こうと、大兵を送るのは正しくございません」（『七年史』）

江戸で兵を建て直し、再起を期す。これしか徳川を救う道はない。修理はそう説いた。ある意味で正論だったが、江戸に戻って立て直せるかといえば、その保証はまったくない。修理はまだ若く、そこまでの読みはなかった。

慶喜はずるい男である。修理のこの言葉に飛びついた。会津の神保にいわれたので江戸に戻ったと、責任をなすりつける。それにしても、慶喜、容保がこっそり逃げ出すなど修理は、夢にも考えていなかった。

このあと慶喜は大広間に諸隊長を集めて「いかが為すべきか」と意見を聞いた。

全員が慶喜の出馬を求めた。

慶喜は「うむ」とあいまいな返事をして、板倉と永井玄蕃守を招いて「江戸に戻る」と伝えた。二人は「いったん、江戸に戻るのがよろしかるべし」というので、慶喜は東帰を決心した。それから大広間に戻ると、将兵たちは依然、あれこれ論じていて、またしても慶喜に出馬を求めた。

「さらば、これより打ち立つべし。皆々、その用意すべし」

慶喜は、ぬけぬけと、得意の嘘をついた。

全員が歓声をあげた。

この夜、慶喜は逃亡した。夕刻、慶喜は容保を招いて、

「予についてまいれ」

といった。容保はショックのあまり、呆然と慶喜を見つめた。それに反論を唱える気力は、失せていた。自分は何をしているのか、感覚を失っていた。慶喜と一緒に容保も定敬も姿を消した。

三人の姿が見えないと知ったとき、修理は、天保山沖の軍艦に向かったことを即座にさとった。修理はあわてて、家老の内藤介右衛門に知らせた。

修理は天保山に馬を飛ばした。近侍の浅羽忠之助も一緒である。しかし浜辺に慶喜の姿も容保の姿もなかった。

残された将兵は唖然呆然、悄然として城内にたむろした。

会津の将兵たちは、

「天下の名城を捨てるのは武門の恥辱だ。後世の人々は、我々をなんと評するか」

「たとえ刀折れ、城を枕に討ち死にするも愉快ではないか」

「守城数日に及べば、諸藩の応援も来よう。戦うべきだ」

と叫んだ。

しかし、主君も逃亡した以上、何が出来ようか。紀州に向け逃げるしかなかった。

若き獅子

取り残された兵士たちは大砲隊長の山川浩の元に結集した。後に会津藩軍事総督として、一カ月に及ぶ会津若松の籠城戦を指揮する。山川は、容保が会津の未来を托した若き獅子で、慶応二年、幕府の小出大和守の随員として、ヨーロッパ、ロシアに派遣された。

長身の美青年。文武両道に秀れ、「会津に山川あり」と幕府にも知られていた。

山川家は藩祖保科正之《ほしなまさゆき》以来の家臣で、祖父兵衛は二十年間、家老職にあった。国内情勢不穏の知らせで、急ぎ帰国すると、間もなく戦いが始まった。

会津藩は、京都守護職として多額の出費を強いられ、薩長に比べ、軍の近代化に大幅な遅れをとった。人材の育成の面でも、同じである。もし、山川が二年早くヨーロッパの体験を積み、帰国すれば、会津の命運は違っていたろう。重臣たちの世代交代が進み、その結果、軍の改革も進み、会津藩の身の処し方も、もっと合理的になっていたはずである。

山川は軍服に身を包み、洋鞍にまたがり、小銃を肩に、大坂城から飛びだした。戦場には会津の兵士が多く取り残されていた。守口駅で、山川の姿を見た隊員たちは、その英姿に感涙した。隊員たちは、山川の周囲を取り囲んだ。

「敵は食糧に乏しく、援兵はない。我らが大坂に留まれば、彼らは戦わずして敗れよう。忍んでときを待て」

山川は兵士たちを励ました。山川は兵士たちをいたわりながら、戦傷者を戸板に乗せ、大坂に運んだ。

山川は兵士たちの心情が痛いほど分かる。しかし援軍が来なければ、自滅である。

「藩公はまだ御健在である。東帰されたのは、前途に深謀があり、捲土重来を期されたためである。早まるな」

山川の裁断で、会津藩大砲隊も江戸に引き揚げと決まった。

この屈辱は晴らしてみせる。山川は心に誓った。

山川の弟、健次郎は、このころ国元で藩校日新館に学んでいた。戊辰戦争後アメリカに渡り、エール大学で物理学を専攻、日本人として、初めて理学博士となる。東大総長、京大総長、九州大総長を歴任し、わが国教育界の重鎮となった。妹の捨松《すてまつ》も第一回女子留学生として、アメリカに渡り、帰国して鹿鳴館の華とうたわれた。捨松は、のちに薩摩の砲兵隊長大山巌《いわお》の妻となる。弟妹の教育は、兄浩のヨーロッパ視察による成果だった。

立場が変われば、新政府の高官として世に出たであろう山川は、この日から朝敵会津の将として苦難の人生を歩む。山川にとっても、鳥羽伏見の敗戦は、万感胸に迫る断腸のおもいだった。

リーダーなき集団

『海舟日記』に次の一節がある。

「十一日、開陽艦、品海に錨を投ず。使ありて、払暁、浜の海軍所に至る、御東帰によりてなり、始めて伏見の顛末を聞く、会津侯、桑名侯、ともに御供中にあり、その詳説を問わんとすれども、顔色は青く、互いに目を以ってするのみにて、口を開く者なし。わずかに板倉閣老について、その概要を聞くことを得たり」

顔色が悪かったのは、多分に船酔いのせいだったが、正月三日に始まった戦争を海舟が知らなかったというのは、驚きだった。早飛脚なり、蒸気船で知らせるべきだったと思うのだが、幕府の危機管理体制がまったく出来ていなかったことになる。そのあと、どうなったかは、推して知るべしだった。

江戸城は大騒ぎになった。大半は主戦論で、戦うべしと叫んだ。しかし、まとめる人物がいない。ただ堂々巡りの激論を交わすだけだった。勝海舟はどう転んでも勝てそうもないと見ていたし、大半の旗本は、ただ右往左往するだけで、結論が出ない。慶喜はおどおどして姿を見せない。海舟も戦う場合は、軍艦を鹿児島に派遣、薩摩の本拠地を叩くべしと進言した。これは注目すべき作戦だったが、肝心の慶喜は恭順一方なので、いかんともしがたい。福沢諭吉が城内の様子をこう伝えていた。

さて慶喜さんが、京都から江戸に帰ってきたというそのときには、サア大変。朝野共に物論沸騰して、武家は勿論、長袖の学者も医者も坊主も皆、政治論に忙しく、酔えるが如く狂するが如く、人が人の顔を見ればただその話ばかりで、幕府の城内に規律もなければ礼儀もない。

平生《ふだん》なれば大広間、溜の間、雁《がん》の間、柳の間なんて、大小名の居る所でなかなか喧しいのが、まるで無住のお寺をみたようになって、ゴロゴロ箕坐《あぐら》を掻いて、怒鳴る者もあれば、ソット袂から小さいビンを出してブランデーを飲んでる者もあるというような乱脈になり果てたけれども、私は時勢を見る必要がある、城中の外国方に翻訳などの用はないけれども、見物半分に毎日のように城中に出ていましたが、その政論流行の一例を言ってみると、ある日加藤弘之《ひろゆき》と今一人、誰であったか名を覚えませぬが、二人が裃《かみしも》を着て出て来て外国方の役所に休息しているから、私がそこへ行って、

「イヤ加藤君、今日はお裃で何事に出て来たのか」と言うと、「何事だッて、お逢いを願う」というのは、この時に慶喜さんが帰って来て城中に居るでしょう、ソコでいろいろな策士論客忠臣義士が躍起となって、上方の賊軍が出発したから、何でもこれは富士川で防がなければならぬとか、イヤそうでない、箱根の嶮阻に拠って二子山の所で賊を鏖殺《みなごろ》しにするが宜い、東照神君三百年の洪業は一朝にして捨つべからず、吾々臣子の分として、義を知るの王臣となって生けるは恩を知るの忠臣となって死するに若《し》かずなんて、種々様々の奇策妙案を献じ、悲憤慷慨の気焔を吐く者が多いから、言わずと知れた加藤らもその連中で、慶喜さんにお逢いを願う者に違いない。

ソコデ私が

「今度の一件はドウなるだろう、いよいよ戦争になるか、ならないか、君たちには大抵わかるだろうから、ドウゾそれを僕に知らしてくれ給え、是非聞きたいものだ」

「ソレを聞いて何にするか」

「何にするッて、わかってるではないか、これがいよいよ戦争に決まれば僕は荷物を拵《こしら》えて逃げなくてはならぬ、戦争にならぬと言えば落ち付いている。その和戦如何はなかなか容易ならぬ大切なことであるから、ドウゾ知らして貰いたい」

というと、加藤は眼を丸くして、

「ソンナ気楽なことを言っている時勢ではないぞ、馬鹿々々しい」

「イヤ、イヤ気楽などころではない、僕は命がけだ。君たちは戦うとも和睦しようとも勝手にしなさい、僕は始まると即刻逃げて行くのだから」

と言ったら、加藤がプリプリ怒っていたことがあります。

それからまたある日に外国方の小役人が出て来て

「時に福沢さん、家来は何人お召連れになるか」

と問うから

「家来とは何だ」

というと

「イヤ事急なれば皆この城中に詰める方々にお賄《まかない》を下さるので、人数を調べているところです」

「そうかソレは誠にありがたい、ありがたいが、私は勿論家来もなければ主人もない。ドウゾ福沢のお賄だけはお止めにして下さい。いよいよ戦争が始まるというのに、このお城の中に来て悠々と弁当など食っていられるものか、始まろうという気振《けぶ》りが見えれば、どこかへ直ぐに逃げ出して行きます。まず私のお賄はいらないものとして下さい」

と、笑って茶を呑んでいた。

全体を言うと真実徳川の人に戦う気があれば、私がそんな放語漫言したのを許す訳《わ》けはない、直ぐ一刀の下に首が失くなる筈だけれども、これがいわゆる幕末の形勢で、とても本式に戦争などの出来る人気でなかった。

福沢諭吉の話は実に冷めていて、当時の幕臣の様子をよく伝えていた。これでは慶喜が意欲喪失して、止めてしまうのも、なるほどとも思えた。どっちもどっちということかも知れなかった。

第七章

江戸無血開城

海舟の腹芸

慶喜が腑抜けになって謹慎している以上、誰もどうしようもない。大坂から逃げ帰って来たとき、

「一体、どうなさるつもりだ」

と海舟は慶喜を怒鳴りつけたが、すべては後の祭りである。西郷と話をつけて、何とかするしかあるまいと海舟は思った。

このまま幕府がつぶれては、多くの家臣が路頭に迷う。慶喜はすべてを海舟に任せるという。そういわれたら、やるしかない。海舟は西郷と渡りあう覚悟を決めた。決裂した場合は、江戸に火を放ち、潔く玉砕である。海舟が幕府の後始末をすることになるなどいったい、誰が想像したであろうか。

「あの野郎っ、身分をわきまえず出しゃばりやがって」

海舟はいつも白眼視されて来たが、かといって他に誰もいない。海舟は誰にはばかることなく終戦処理に没頭した。

従来、閣僚は皆、門閥の出であった。

海舟は禄はわずかに四十石、旗本小普請の小吉の長男として生まれた。決して恵まれた環境に育ったわけではない。しかし、親父の小吉は無類の教育熱心で、剣道を習わせ免許皆伝の腕前に

仕あげ、ついで蘭学がこれからの学問だと知るや、息子を著名な学者に付け、その結果、息子は長崎の海軍伝習所に入ることができ、あとはトントン拍子である。親父の先見の明が功を奏したのだ。

べらんめぇ口調で、いいたいことはずばずばまくし立て、西郷とも何度か会い、お互いに好印象は持っている。

深窓育ちの慶喜は、そんな海舟を頼もしく思ったが、自分勝手に振る舞う海舟である。敵も多く、天敵は福沢諭吉だった。

「あいつは口だけの男で、自分が軍艦を操って海を渡ったといっているが、とんでもない。船酔いで寝てばかりいた。とんだ食わせ者だ」

と嫌ったが、海舟は食わせ者なるが故にはったりが利く。こうした場合、諭吉ではまったく役に立たない。世のなかには向き、不向きがあるものだった。海舟は会津や桑名の兵を江戸から追い出した。戦争を避けるためである。

会津、桑名の兵は海舟を恨み、

「腰抜けめが、叩き斬ってやるわ」

と海舟を刺殺せんとする者もいたが、海舟は刺客には遭わなかった。うまくすり抜けてしまうのである。

このころを海舟は日記で、

「二月十日ごろまでは多事にして徹夜もしばしばだった。来客も日に五十人は下らず、殺気をおびた徒もいた。こうして筆記するのも暗殺されたあとで、この日記を示せば、決して欺いたものではないと知ってもらえるからだ」

と回想している。海舟は海舟なりに、真剣だった。

まず山岡鉄舟《やまおかてっしゅう》に西郷への手紙を持参させた。大村藩士渡辺清左衛門が「江戸攻撃中止の真相」と題し、『史談会速記録』に、ほぼ次のように掲載している。

「主君慶喜は謹慎し、恭順を旨としている。にもかかわらず、大軍を向け江戸城総攻撃の勢いを示しているが、これはいかなる見込みであるか。徳川家はいまなお十二隻の軍艦を持っている。二隻を大坂に、二隻を九州、中国に、二隻を東海道に、残る二隻を横浜に停泊させれば、われわれは十分に戦える。そうしないのは、天下の大勢を思い、また自分と貴公の友情のためである。江戸の人心はとても抑えることはできない。いましばらく官軍を箱根の西にとどめおかれたし」

この手紙は巧妙な脅しである。

西郷が二月二十八日、駿府《すんぷ》に着くと、この手紙が来ていた。

これが事実だとすれば、結構、説得力があったはずである。

一番効いたのは、鹿児島に二隻の軍艦を派遣することだろう。弾薬の備蓄に問題ありだったが、脅しとしては十分である。

「諸君はこの手紙を見てなんと考えるか。実に首を引き抜いて足らぬのが海舟である。恭順の意あれば、官軍に向かって注文することなど無いはずである。海舟はおろか慶喜の首も引っこ抜いてやるわ」

西郷は顔を真っ赤にして怒鳴り、知らせを受けた大久保利通も「天地に容るべからざる大罪」と処刑を叫んだというが、これは事実と異なるという説もある。歴史にはいつも謎めいた話が付きまとう。山岡鉄舟が持参したのは渡辺清左衛門がいう過激な文章ではなく、

「無偏無党、王道堂々たり、いま官軍鄙府に逼るといえども、君臣謹で恭順の礼を守るものは、我徳川氏の士民といえども皇国の一民たるをもってのゆえなり」

という書き出しではじまる国家論であったと、松浦玲の『勝海舟』にある。

日本は天皇を抱く国家である。徳川といえども天皇の民である。天皇の前に恭順するのは当然である。こう海舟にぶつけられると、西郷は大いに困った。

同じ皇国の民が争うべきにあらずとは、なんと巧妙な殺し文句であろうか。

西郷は内心、海舟にやられたと兜をぬぎ、

「追い返せ」

という声もあったが、山岡を待たせ、慶喜謝罪の七カ条を書いた。一体、どっちなのだろうか。

歴史家石井孝も、過激な書簡だったと海舟の伝記に書いている。

どちらも海舟ならやりそうな話である。

西郷のもとには天皇の叔母である静寛院宮《せいかんいんのみや》や皇族の上野輪王寺宮《りんのうじのみや》から慶喜の助命と徳川家存続の嘆願がきていたが、西郷は頑として慶喜切腹を主張していた。

パークスの意向

江戸での戦争を強く反対した人物が、もう一人いたのである。

イギリス公使のパークスである。

ことの発端は、たまたま東海道先鋒総督参謀の長州藩士木梨精一郎《きなしせいいちろう》が来て、「江戸城攻撃となれば、負傷者の手当てが必要になる。横浜に参りパークスに病院を建ててもらおうと思う。清左衛門も同道いたせ」ということになった。

そこで渡辺は木梨のお供で英国公使館に行き、江戸城総攻撃を話すと、パークスが、「慶喜は恭順ということではないか。恭順している者に戦争を仕掛けるとは如何なものか。いったい誰の命令か」と反論した。

木梨が「大総督」というと、「それはなにか」となり、「朝廷から」というと、

「いったい、いまの貴国には政府がない。戦争となれば、なぜ戦争をするのか、われわれ居留地の外国人には知らせがあって当然だが、なにもない。警備の兵を出す話もない。さっぱりわけが分からないので、わが海軍兵を上陸させて守らせている。とにかく恭順した慶喜を討つのは『万国公法』に違反する」

と怒り心頭であったという。フランスが幕府支持から中立に変わって以来、イギリスとしてもこれ以上の混乱は望まなかったのだ。なるべく早く統一国家が誕生し、貿易がスムーズに進めば

よい。

パークスはそう判断したのである。

これでは病院どころではない。報告を聞いた西郷も、思わず唸ってしまった。イギリスに反対されては、武器弾薬の補給にも支障をきたし、江戸城総攻撃どころではない。

パークスは、恭順した慶喜を討つことは正義ではないと、江戸攻撃に反対していたのである。江戸で内乱が起こると日本との貿易も混乱し、特に生糸の輸入に支障をきたすというものだった。西郷は路線の変更を迫られた。

歴史学者のなかには、この時期、日本は西欧列強から狙われ植民地化の危機にあったという人が多い。だから幕府を倒し、早急に統一国家を作る必要があったというのである。薩長の革命は正しかったというのだが、イギリスもアメリカも日本を植民地にする考えはなかった。学者と称する種族は概念でしゃべる人が結構多い。封建制についても同じである。

封建制は悪い、古い制度だという。日本近代史において、それがどう使われたかというと、古き悪しきものとして扱われた。たとえば、幕府、会津は封建的、薩摩、長州は反封建的で、近代的という使われ方である。

これも違う。薩摩、長州も封建的気風は強く残っており、概念で決めてしまうのは誤りである。たとえば「激しい攘夷が外国をたじろがせ、民族の独立を維持した」といった説もあるが、どうだろうか。重ねていえば、植民地の危機はなかったのである。

結局、西郷は折れた。

西郷は山岡に次の書簡を手渡した。パークスの意向を汲んだ大幅な譲歩だった。

一、慶喜を備前岡山藩へ預けること。
一、江戸城を明け渡すこと。
一、軍艦を残らず引き渡すこと。
一、兵器を一切、引き渡すこと。
一、城内の家臣は向島へ移り、謹慎すること。
一、慶喜の暴挙を助け、暴挙に出る者は厳罰に処する。
一、幕府が鎮撫しきれず暴挙する者があれば、官軍が鎮める。

海舟は山岡が持ち帰った西郷の七カ条を見て満足した。

慶喜の救済と徳川家の存続は可能になったからである。ただし細部に異論が出た。

一つは慶喜を備前藩に渡すことはできない。最悪、水戸藩である。

軍艦、兵器もすべて渡すわけにはいかない。徳川家としての最低の武力は必要である。

「それが否となれば、戦争もやむなし。こちらから江戸の町を焼き払う」

海舟はそう決断し、新門辰五郎《しんもんたつごろう》に江戸の焦土作戦を立てさせた。西郷がこちらの要求を蹴り、江戸城総攻撃をかければ、自分の手で江戸の町に火を放ち、刺し違えんとする作戦である。海舟はイギリスの外交官アーネスト・サトウに会い、止戦工作を依頼して西郷とのトップ会談に臨んだ。

　さすがは百戦錬磨の海舟である。

　このとき海舟は東北をどう考えていたかである。

「奥羽に人物なし」

と海舟は冷たかった。東北を切り捨てて会談に臨んだ。

西郷は連れてきた兵士に論功行賞を行わなければならない。幕府が消えても徳川家は残る。となれば、江戸を完全に手に入れることは、何かと困難である。会津、庄内に攻め込んで、これを占領しなければ、収まりがつかない。海舟に、

「奥羽はどうぞご勝手に」

という腹があったと思われる。トカゲの尻尾きりである。滅私奉公で働いた会津藩が薩長に売られようとしていた。

西郷と海舟の会談は江戸城総攻撃を目前にした三月十三日と十四日の二回、江戸高輪の薩摩藩邸と田町の薩摩藩邸近くの橋本屋で開かれた。

　海舟は西郷の提示した案を骨抜きにする回答を持参した。

　備前岡山藩の拒否に始まり、江戸城は田安家に預ける。軍艦、兵器は慶喜の処分が決まった段階で、相当の数を残し、他は官軍に引き渡す。城内居住の家臣は城外に移り住み謹慎する。慶喜の妄動を助けた者も格別のはからいで寛大な処分とする。ただし領民の暴挙に限って手に余る場合、官軍で鎮圧されたしというものだった。

西郷がこれにどう答え、お互いがどういい合ったかだが、渡辺清左衛門の証言によれば、激昂することもなく、いたって静かなものだったという。お互いに戦争はしないと決めていたからである。

強気の海舟

「願わくは箱根以西に兵をとどめてもらわぬと、江戸の旗本やら各藩の者どもが騒ぐことになる。明日の攻撃は見合わせてもらいたい」

海舟は強気である。二人の腹芸がはじまった。

「勝さんが相手ではやりにくうごわす」

西郷は海舟に花をもたせ、

「恭順となれば、それ相当のところに謹慎してもらいたい。上野であろうと、どこであろうと御勝手に」

といって、さらに続けた。

「江戸城はすぐにお渡しいただけるか」

「すぐにもお渡し致す」

「兵器弾薬は如何か」

「それもお渡し致す」

「軍艦はいかがであろう」

「これだけはどうにもならぬ。榎本武揚《えのもとたけあき》はかならずしもわれわれと同じではない。私は請け負えぬ。そのあたりは御推察いただきたい」

「まあ、明日の攻撃だけは止めることにいたそう」

パークスが反対であることなど微塵も表に出さず、西郷が短く答えた。

海舟がしてやったりと喜んだことはいうまでもない。大混乱が避けられ、西郷も攻撃中止を喜んでいるようだったと渡辺は語っている。

慶喜は海舟の報告を聞いて、安堵した。それ以上、特に望むものはなかった。これで緊張から解き放たれ、慶喜は何年ぶりかで内面のやすらぎを覚えた。

慶喜は境内に咲く花を見て、

花もまた哀れとおもへ大方の　春を春とも知らぬわが身を

と詠んだ。どうも弱々しい歌である。

無力の徳川一族

西郷と海舟の会談をじっと見つめる男がいた。幕府を見限り、薩長の新政府側についた松平春嶽である。慶喜から嘆願書を受け取った春嶽は、八方手を尽くして西郷の手元に届けようとしたが、途中でとどめ置かれ、なにひとつ具体的な行動を取ることはできなかった。

「慶喜や容保に同情する輩は断固弾劾すべし」

薩長軍の内部には殺気立った空気が流れ、春嶽の側近、中根雪江《なかねゆきえ》らは「傍観すべきだ」と進言、春嶽はなにもなし得ない立場にあった。

春嶽は越前を守るだけで精一杯であった。春嶽は明治三年から十年がかりで回顧録『逸事史補』を執筆するが、そのなかでこの談判を次のように記している。

「西郷は勝との密談のあと愛宕山に登って江戸の人家が密集しているのを見て、戦争で何十万の人々が塗炭の苦しみに陥り、密集した人家が焼失するのは哀惜のきわみであるといって、軍を品川で止めた。豪傑の仕業、感佩の至りである」

春嶽は西郷を礼賛《らいさん》している。

我に才略なく　我に奇なし
常に衆言を聴き　よろしきに従う
人事　渾如　天道　妙なり
風雷晴雨　あらかじめ期しがたし

春嶽は多くの歌を詠んでいる。このころの心境を歌った作品である。心の奥に、もはやどうにもならないといった諦めがあった。

大鳥圭介の旧幕府兵、榎本武揚の艦隊、上野の山に籠る彰義隊《しょうぎたい》、会津藩、桑名藩、庄内藩などが薩長に反旗を翻していたが、徳川一族ももはや青菜に塩、人々は次第に無言になっていった。一つの体制が根本からくつがえったという意味で、明治維新はまぎれもなく革命であった。

これほどまでに鮮やかに薩長が勝利し、幕府が瓦解するものであろうか。佐幕派の人々は信じがたい思いで、世の移り変わりを見つめた。

福地源一郎は、明治二十四年四月から翌年十一月まで三十五回にわたって『国民之友』になぜ、幕府は滅んだかを書いている。

幕府は決して討幕運動によって崩壊したのではなく、幕府内部の自己矛盾によって倒れたと福地は述べた。慶喜に強い姿勢があり、先陣を切って戦えば、これほど無残に敗れることはなかったであろう。海舟は慶喜を冷めた目で見つめたが、福地には諦めきれぬなにかがあった。

奇々怪々の水戸藩事情

幕末、あれほど暴れた水戸藩はどうなっていたか。

慶喜が大坂に下ったとき、水戸藩の勤王派、本国寺勢は二条城の警備のため都に残った。このため奇妙なことになった。大坂から京都に攻め上ってくる慶喜を、自分たちは迎え撃つ立場になった。

「種々の憂念胸中に往来し、死ぬよりも苦しい思いであった」

これは本国寺勢の兵士の日記だが、なんという矛盾であろうか。藩士たちは苦悶した。

慶喜にとっても最悪であった。敵の陣にこちらを討とうとする身内がいるのだ。慶喜はまたしても水戸藩の複雑な藩内事情に、溜め息をつかざるを得なかった。慶喜が軍艦で江戸に逃げ帰ったことを知った本国寺勢は、いかにすべきか、論議を重ねた。

「慶喜公が暴走したのは会津に引きずられたためだ。尾張、越前に頼んで慶喜の冤罪を晴らさん」

「王政復古は斉昭公のご意志である。ただちに東征軍に加わるべし」

「藩内の幕府支持派（門閥派）が台頭すれば、水戸は朝敵となる」

慶喜か、朝廷か、いずれに忠誠を尽くすべきかで激論となった。

結局、本国寺勢は水戸本国の幕府派討伐を掲げて江戸に向かった。薩長にとってもその方がありがたかった。

その数二百二十三人。彼らは江戸に到着するや、江戸藩邸を占拠し、勤王の旗印を高々と掲げ気炎をあげた。恭順の意を表した慶喜にとっては、一転して心強い味方となったが、水戸の本城を固める門閥派にとっては、不愉快きわまりない連中であった。

慶喜は心ならずも恭順しているに過ぎないとする市川三左衛門《さんざえもん》ら五百余人の門閥派は、旧幕府の主戦派や会津藩とともに薩長と一戦を交えるべく準備を進めた。慶喜の足元は大揺れである。

慶喜はその水戸へ帰るのだ。前途はまだまだ多難であった。

江戸開城と旧幕兵の脱走。慶喜には、もはやなんの指導力もなかった。

大久保忠寛《ただひろ》とともに幕府のすべてを仕切る海舟は、主戦派をどんどん江戸の外に出した。体のいい追放劇である。

新選組もその一つである。近藤勇を大名に取り立て、甲陽鎮撫隊を結成させて甲府城に向かわせた。しかし途中、勝山で薩長軍と戦火を交える羽目になり、さんざん打ちのめされて舞い戻った。

このとき、土方が海舟と会い、近藤の助命を頼んでいる。

もう江戸にとどまる場所はない。関東に逃れ、近藤は千葉の流山で捕われ、斬殺されている。

二人は昨今の情勢をいろいろ話し合ったであろう。なにを話したかは、知るよしもないが、策士の海舟のことである。大鳥や榎本を助けて薩長に一泡吹かせよと、耳元でささやいたかもしれない。あるいは江戸で騒乱を起こしてはならぬと、頼んだかもしれない。これに対し土方は、会津を頼るといい、海舟は「会津は期待が持てない」といったかもしれない。

会津や桑名藩、庄内藩は朝敵のレッテルを張られたまま国もとに帰された。慶喜も海舟も放置したままである。慶喜の命が助かり徳川家が存続できれば、後はどうなっても構わない。いってしまえば、そんなやり方であった。

土方はわずかの兵とともに、大鳥圭介が率いる旧幕府脱走兵の軍に加わり会津に向かうが、江戸を無血開城させるのに、邪魔になる者はすべて出て行ってもらうのが海舟のやり方であった。

慶喜が上野寛永寺を出て、水戸に向かったのは慶応四年四月十一日である。

「公は積日の憂苦に顔色憔悴して、髪は蝟毛《いもう》（はり鼠の毛）のごとく、黒木綿の羽織に小倉の袴を着け、麻裏の草履を召されたり。精鋭隊、遊撃隊、彰義隊など二百人ほどが護衛せり。拝観の人々、悲涙胸を衝き、嗚咽して敢て仰ぎ見る者なかりき」

『徳川慶喜公伝』はこの日の模様をこう記している。

髪が本当にぼさぼさになっていたのか、信じがたい部分もあるが、敗軍の将の惨めさはいつの世も同じである。江戸城中の金も底をついており、新門辰五郎が二万両を持参し、慶喜の当座の賄い費に当てる窮乏ぶりであった。

大久保利通が慶喜を水戸にやるのは「虎を山に放つ」ものだと不安を漏らしたこともあってか、弘道館のなかで目立たぬように過ごした。

水戸藩首脳も藩内に動揺があっては、どのような処分を受けるかも知れない。「家中一統慎しむよう」通達が出され、軽挙妄動を戒めたので、慶喜にとって居心地のいいものではなかった。近づく人もなく、慶喜の様子は『水戸市史』の幕末維新編にも、ほんの数行記載されているだけである。

情けない姿であった。

この時期、関東では騒乱が始まっていた。会津に戻った松平容保らは、このままおめおめと薩長の軍門に下ることは出来なかった。

武士の一分である。

壮絶な会津戦争は、これから五カ月後のことであった。

第八章

その後の松平容保

戦争時の会津鶴ヶ城

死を決して戦う

朝敵の汚名を受けた会津藩は、薩摩、長州軍に徹底抗戦、一カ月に及ぶ籠城戦を展開する。仙台、米沢など東北の諸藩が攻守同盟を結んで共に戦ったが、戦況が不利になるにつれ、藩内に恭順論が高まり、最後は会津一藩で、全国から殺到する新政府軍と決死の戦いを続けた。

山川浩が本丸で軍事を総督し、梶原平馬が政務を担当、内藤介右衛門が三の丸、原田対馬《つしま》が西出丸、倉沢右兵衛が二の丸、萱野権兵衛《かやのごんべえ》、佐川官兵衛が城外に出て武器、弾薬を奪い、城中に運び入れた。この籠城戦は数々のエピソードを生んだ。

後世まで語り伝えられたのは、会津兵の武勇である。市街戦が始まって数日過ぎた城下町は、焼け落ちて荒野となり、そのあちこちに戦死者や流弾に斃れた婦女子の遺体が放置され、流血淋漓《りんり》、異臭が鼻をつき、目

甲賀町城門の戦い（白虎隊記念館所蔵）

もあてられぬ惨状であった。
その中を佐川官兵衛率いる朱雀二番士中隊、同三番士中隊、同二番足軽組中隊、砲兵隊、正奇隊、会議隊など一千が、しばしば迎撃し、城下の敵の一掃作戦に出た。二十九日朝の進撃は、もっとも激しく、薩長軍は危うく塁を奪われるところだった。
大垣藩の記録『東山道戦記』は、そのことを次のように書いている。

「今日の会津軍は、味方の死傷もかえりみず、砲弾の間を疾風のように駆けてきた。桂林寺口を守っていた備前藩は苦戦に陥り、塁を奪われそうになった。薩摩、土佐の二小隊が駆け付け、やっと撃退することができたが、この日、戦死した会津藩士の懐中を調べたところ、八月二十九日討死とか、国のため戦死あるいは絶命の辞などを持っていた。死を覚悟して攻めて来たのだろう。それだけに、今日ほど鋭い攻撃はなかった」

会津軍は小銃、大砲、弾薬の補給が途絶し、わずかの火縄銃と槍剣に頼っており、槍をかざし

城下の戦い（白虎隊記念館所蔵）

て突撃するほかはない。

このため、山川浩が、どんなに智謀に秀で、佐川官兵衛が猪突猛進、敵の塁に迫っても薩長土肥の小銃隊の餌食にされてしまうのだった。

鳥羽・伏見、白河城と、いつも、この形で敗れた。小銃には小銃で戦うしかないことは分かっているが、他に手立てがない。終わってみれば朱雀二番士中隊長田中蔵人、別撰組隊頭春日佐久良、正奇隊頭杉浦丈右衛門、進撃隊頭小室金五左衛門、砲兵隊頭福田八十八ら精鋭百十人以上を失い、作戦は完全に失敗している。

この日、進撃時間が遅れるというミスも重なっている。出撃は陽の昇らない未明となっていたが、官兵衛が前夜深酒したため、起きることができず、卯の下刻（午前七時）になった。これでは敵の標的になるばかりである。

進撃が失敗したことは正午過ぎ、容保の耳にも入った。もはや手の施しようのない負け戦だという。このままでは官兵衛の命も危うい。

「すぐ城へ戻せ」

容保は伝令を発した。

官兵衛は南進して食糧を求め、ゲリラ戦に入ることを決め、郊外に去った。

この転進の背景には佐川官兵衛と軍事総督山川浩との確執も考えられる。勝てばまとまるが、負けると、責任を転嫁することもある。

この日を境に、官兵衛は本城に足を踏み入れていない。越後の総督一瀬《いちのせ》要《かなめ》人と萱野権兵衛率いる一隊とともに城外で戦うことになる。

九月に入ると、薩長の西軍は三万余の軍勢にふくれあがり、城の東、北の三面と小田山に五十余門の大砲を据え、十四日から三昼夜にわたって砲撃を続けた。城内は炸裂する砲弾で話も聞こえないほどで、十六日には一昼夜で二千七百発に達した。

病室や婦人・子供を収容している部屋にも容赦なく砲弾が飛び込み、一瞬のうちに体が吹き飛ばされ、肉塊が辺りの壁にへばりつき、その悲惨、凄惨の光景は、目をおおうばかりであった。

山川の妻とせ子も重傷を負い、照姫と山川が見守るなか瞑目した。十九歳のあまりにも若い死である。容保は慰める言葉もなく、無言で手を合わせた。

城内の死者もふえるばかりで、空井戸がいっぱいになり、二の丸に穴を掘り、そこに埋めた。

こうした中でも、僧侶たちは一日も休まず鐘楼の鐘をつき、婦人たちは飛び込んで来る敵の砲弾に濡れ雑巾をかけて爆発を防ぎ、火薬を抜き取って、味方の小銃弾をつくった。

傷兵の看護、炊事、弾薬の製造などはすべて城内にいた数百人の婦女子が担当し、なかには城外で戦う女たちもいた。

女子が、このような形で参戦したことは、わが国の国内戦では初めてのことである。これには気丈な照姫の存在が大きかった。

戦局を決めたのは、白河口から運び入れた佐賀鍋島藩のアームストロング砲である。小田山から撃ち出すアームストロング砲の砲弾は、濡れ雑巾で消すことはできず、大音響をあげて瞬時に爆発、天守閣のあちこちに大きな穴をあけ、堅固な鶴ヶ城をぐらぐらとゆるがした。

薩摩大砲隊の砲撃（絵巻）

容保はなすすべもなく、黒金門《くろがねもん》のなかにうずくまった。

仙台、米沢から援軍の便りはなく、日に日に憔悴《しょうすい》の色を深めた。

容保は米沢藩の裏切りを聞いた時、まさかと聞き返したが、使者を次々に送っても返事がなく、それが現実になった時、一人さめざめと泣くしかなかった。

「むごい。なんと自分は罪深いことか」

容保は命を落とした多くの将兵と、その家族をおもい、暗澹たる気持ちであった。

米沢藩に恭順を働きかけたのは、土佐の板垣退助である。会津に攻め入ると同時に、帰順を勧めていた。その内容は帰順降伏すれば、君臣ともに斬戮しない、領土も従来通り保障する、松平容保といえども悔悟《かいご》謝罪すれば生命は保障するというもので、米沢を通じて会津にも降伏を求めていた。

土佐は薩長と距離をおく立場にあり、戦いの早期終結を望んでいた。それにしても米沢藩の決断は早かった。

会津の援軍要請を断るだけでなく、大鳥圭介、竹中丹後守らが福島で旧幕兵、仙台・二本松・庄内・上ノ山・棚倉・山形兵など六百余人を編制し、会津若松に派遣しようとした時、これを実力で阻止、解兵させることまでしている。

丁度このおり、仙台に榎本武揚の艦隊が入っていた。旗艦開陽には旧幕府がフランスから招いた砲兵大尉ブリューネ、カズヌーブら六人の外国士官もいた。

仙台には小野権之丞《ごんのじょう》、安部井政治、諏訪常吉、神尾鉄之丞、柴守三、柏崎才一、永岡久茂、南摩八之丞らの会津藩外交方がおり、権之丞らは、この艦隊にすべてを賭けた。

九月一日には仙台城で旧幕閣の小笠原長行、榎本武揚、仙台藩相松本要人《かなめ》、フランス士官ブリューネ、会津藩士南摩八之丞、諏訪伊助らが作戦会議を開いた。

席上、榎本は、

「奥羽の地は、日本全国の六分の一を占める。その軍人は五万を超えるではないか。この土地と兵を持てば、上方の兵など恐れるに足りぬ。機を見て軍略を行なえば、勝てる。ただし、兵は調練が必要である。よってフランス士官二人を仙台におくので、その指導を受け、早急に兵を立て直すべきだ。連絡には馬をもってあてよ」

と演説した。

次いでブリューネが立ち、会津に兵を送り、救出することが先決である、そのためには状況把握が第一だと説いた。敵の兵力、地形を探り、そのあと、同盟軍の兵力五万人のうちの半分、二万五千人を江戸にのぼらせ、海陸から反撃に出ることだと語り、地図を描いて作戦を指示し、胸壁の築造法、番兵、斥候の用法なども指導した。

会津藩外交方は歓喜したが、榎本が与えた兵はわずか五十人にとどまり、これも福島まで来ると、米沢藩兵に阻止された。

そこで仙台へ急いで引き返し、今度は仙台藩に援兵を頼んだが、九月十四日には仙台藩も寛典《かんてん》と引き替えに恭順し、たった一人、主戦派の星恂太郎《じゅんたろう》が額兵隊八百余を率いて相馬から三春を攻め、会津を救援しようとしたが、途中、岩沼で藩主伊達慶邦《だてよしくに》に慰諭《いゆ》され、不発に終わった。

梶原平馬が描いた奥羽越列藩同盟は、こうして瓦解した。もし、仙台、米沢が寛典を断り、会津救援に向かえば、戦況が変わっていた。しかし、いまとなってはせんなきことである。

梶原平馬は黒金門のなかで、すでに、このことを覚悟していた。最後は薩長対会津の戦いである。仙台も米沢も他人事なのだ。勝てば会津についていて来ようが、こう次々に敗れては無理であった。

「これも天の定めか」

梶原平馬は、深い吐息をもらし、

「もはや手はないな」

と傍らの山川浩にいった。

平馬の妻は山川の姉である。夫婦間に溝があり、のちに離婚するが、二人は義兄弟であった。食糧はなんとか食いつなげても、着る衣服もなく、泥と垢にまみれ、においを放ち、寒くなれば、こごえ死ぬしかない。

「こう、ないないづくしでは戦にならぬ」

さしもの山川も天を仰いだ。

米沢藩の停戦工作が始まった。このまま戦闘が続けば、会津藩だけではなく、薩長軍の死傷者も増え、その戦費もまた膨大になる。

郊外の高久に宿陣していた家老萱野権兵衛の陣営に、二人の米沢藩士が訪ねて来た。松本誠蔵と山田元助である。

二人は米沢藩主上杉斉憲《なりのり》の書を持参し、越後口の総督仁和寺宮嘉彰親王が、錦旗を進めて郊外の塔寺まで来ている。すみやかに謝罪し、恭順されるべきであると伝えた。この陣営に秋月悌次郎《あきづきていじろう》がいた。和議をどのように進めるか思案中のところへ、米沢から使者が来たのである。

「萱野どの、拙者にお任せ下され」

悌次郎は書簡を懐中にくくりつけ、変装してひそかに帰城した。

会津藩軍事方の中で、終戦処理に当たれるのは悌次郎と手代木直右衛門の二人しかいないと、誰もが思っていた。

梶原平馬と山川浩は、ともに二十代の青年である。血気にはやり、幕引きはできない。悌次郎と直右衛門なら、なんとかしてくれるだろう。心ある人々は、そう期待していた。

容保もそう考えていた。これ以上、戦いはしたくない。日に日にそのおもいが強まっている。死んで会津の潔白を訴えるのもいい。しかし、そのため、日々、何人もの人が死んで行く。町を焼かれ、町民や農民も路頭に迷っている。

「もう戦えない」

容保は心に決めていた。

「殿、上杉侯から書が届きました」

悌次郎が姿を見せた時、容保はやっと来たかと、身を乗りだした。容保の胸は早鐘のように打った。

「早く見せよ」

容保は立ちあがって上杉侯の書状を手にし、何度も読み返し、これでよい、これでよいのだと自分にいい聞かせた。

事は急を要した。この動きを知れば、逆上する者もいるだろう。城内には、あくまでも戦うという空気がみなぎっている。皆、肉親を殺され、家を焼かれ、復讐の鬼と化している。

「悌次郎、頼むぞ」

容保は祈るようなまなざしで、悌次郎を見つめた。会津藩の節目節目に、いつも悌次郎がいた。

悌次郎と直右衛門は、この夜、ひそかに米沢藩の陣営を訪ねた。米沢藩士斎藤主計、倉崎七左衛門は、二人を連れて土佐の陣営を訪ねた。

土佐藩参謀は板垣退助である。

二人は二日間、土佐の陣営にとどまった。降伏に当たって、主君容保の生命の保障を第一に求め、さらに武装解除や撤兵などについて、さまざまの協議があった。

この間、城内では二人の安否をめぐり、意見が分かれた。途中、捕らわれたか、あるいは殺されたか、不安が渦まいた。薩長軍は不審な者を見つけると、ことごとく引っ捕らえ、有無をいわさず首をはねている。

土佐の陣営に町野主水《まちのもんど》、水島弁治、樋口源助、小出鉄之助が送り込まれた。しかし、警戒が厳重で、どうにもならない。偶然、捕虜のなかに土佐の人夫がいて、これに案内を頼み、鈴木為輔と河村三介が土佐の陣営に入ることに成功した。悌次郎と直右衛門は、まだいたのである。

「そうか、殿が心配をされておったか」

悌次郎は使者の二人をねぎらい、四人は白旗を立てて、城に戻った。

このことは、すでに薩長の全軍に伝わっており、四人を撃つ者はいない。奇妙な静寂が辺りを包んだ。

「戦が終わったのか」

悌次郎は、晩秋の空を見上げた。空の色がこんなに青いのか。もう何年も空を見ていないような感じがした。

九月二十一日、早朝を期し、両軍の発砲は止んだ。

容保は大書院に重臣や将校を集めた。

「予は開城に決した。あとは謹慎、天裁を仰ぐのみである。その方たちの苦痛はもとより、領民も塗炭の苦しみを受け、今さらながら帝に対し、恐れ入るばかりである。この上は銘々、定められたところに移り、謹慎するように申し付ける。万一にも粗暴の者があっては、天皇に対し申し訳なく、この段、くれぐれも頼み入る」

容保は、ここまでいうと、涙がこみあげ、何度も咳き込んだ。無念のおもいが全身を包み、立っているのがやっとである。大坂城から家臣に告げずに逃亡したことが、すべての始まりだった。あのとき踏みとどまっていれば、こんなみじめな思いはしなくてすんだが、もう叶わない。自責の念が容保をさいなんだ。

家臣たちも、ただ嗚咽するのみで、やがて、すすり泣きが城内に広がった。

この日、悲憤慷慨し、自刃した者三名、容保は城外で戦う一瀬要人、萱野権兵衛、佐川官兵衛にも降伏を伝えた。

一瀬は重傷を負って臥せており、この知らせに、にわかに容体が悪化、間もなく息を引きとっている。

萱野は、はらはらと涙を流し、じっと悲しみに耐えたが、佐川官兵衛は「薩長のなすところを見よ。民の財貨を奪い、罪なき民を殺し、婦女を姦し、残虐極まるではないか。これ姦賊にして、王師にあらず」と降伏をこばみ、仁和寺宮に出頭して「我、朝敵にあらずと直訴する」と怒りをあらわにした。

容保の再度にわたる説得で、最後は折れるが、官兵衛のいうことも正論であり、悌次郎の行動は、会津武士の風上にもおけぬと非難する輩もいた。しかし、戦いは限界に来ており、降伏は潮時であった。

降伏の白旗

九月二十二日朝、北追手門に白旗が立ち、一カ月にわたる城下の戦いは終わった。白木綿をことごとく負傷者の包帯に使ったため、白旗を作ることができず、城中の婦女子が白布の断片を縫い合わせ、やっと白旗を作ることができた。

直ちに降伏の式事が行なわれた。城内から家老梶原平馬、内藤介右衛門、軍事奉行添役秋月悌次郎、大目付清水作右衛門、目付野矢良助が麻上下《あさがみしも》の礼服に身を包み、甲賀町の式場に入った。続いて薩長軍軍監中村半次郎、軍曹山県小太郎、使番唯九十九《つくも》が諸藩の兵を率い、錦旗を立てて式場に入った。悌次郎が会津藩の重臣たちの名札を出して開陳すると、容保と喜徳が礼服に小刀を帯び、大刀袋を小姓に持たせ、式場に入った。

容保は一歩一歩、しっかりした足取りで歩き、長崎の商人足立仁十郎から贈られた赤い毛氈《もうせん》の上に立った。一カ月ぶりに見る城外の風景は、見るも無残であり、式場の周囲を埋めた薩長兵は、容保に冷ややかな視線を注いだが、容保は毅然たる態度をくずさぬよう、振る舞った。

武運つたなく敗れはしたが、おのれは逃げることなく、悔いのない戦いをした。そんなおもいが容保の脳裏をかすめた。容保は中村半次郎に謝罪書を出し、家老たちが連名で「戦争責任はすべて我ら家臣にある。藩主父子には寛大な処置を」と記した嘆願書を出し、式を終えた。

せめてもの救いは、中村半次郎と山県小太郎の態度である。容保に十分な敬意を払い、頭を下げて容保の退出を見送った。

容保は鶴ヶ城に帰り、重臣や兵士たちに別れを告げ、戦死者を葬った城内の空井戸、二の丸の墓地に花をたむけた。

城下に敵が攻め込んだ日は、篠つくような雨であった。この日は風もなく暖かく、晩秋の磐梯山《ばんだいさん》が美しく見渡せた。間もなく冬が来る。

新雪が会津盆地を埋めつくし、戦争の傷跡を消し去ってくれようが、心の傷は永遠に消えることはあるまい。容保は、そんなおもいで、山々を見つめた。

容保は滝沢村の妙国寺で謹慎する。鶴ヶ城も見納めかとおもうと、ふたたび涙があふれ、もうなにも見えなかった。

北追手門に容保の駕籠が用意された。薩摩、土佐の二小隊が、駕籠の前に並んだ。容保親子が駕籠に乗ろうとすると、軍曹山県小太郎が馬をおりて容保と喜徳に目礼し、ふたたび馬にまたがった。

家臣たちのむせび泣きが、手にとるように分かる。

敵の軍門に降った会津鶴ヶ城

容保は駕籠にゆられながら「許せ、許してくれ」と家臣たちに詫びた。

この日、鶴ヶ城で開城を迎えた会津軍の総員は、治官士中百六十人、兵卒六百四十六人、士分七百六十四人、士分以下千六百九人、婦女子五百七十人、老幼五百七十五人、病者二百八十四人、他邦の者九十七人、役人六十八人などのほか鳶《とび》の者、女中、下女合わせて四千九百五十六人であった。

苦悩する松平容保

翌二十四日、軍監中村半次郎、軍曹山県小太郎が城に入り、家老山川浩、軍事奉行小森一貫斎から銃砲兵器の目録を受けとった。

大砲五十門、小銃二千八百四十五挺、小銃弾薬二十三万発、槍千三百筋、長刀八十一振であった。

無残な結末

会津落城から半月後、城下で医療活動に当たる一人の外国人がいた。

英国公使館付き医官ウィリアム・ウィリスである。三十歳を越えたばかりの通訳兼軍医で、慶応四年八月二十日、会津国境が破られる直前に江戸を出発、高田、柏崎、新潟、新発田を経て会津若松に入った。

　ウィリスが治療した負傷兵は千六百人に及び、うち九百人は薩長軍、七百人は同盟軍であった。彼は、両軍ともに捕虜をことごとく虐殺し、長岡では、会津兵が官軍（西軍）側の病院のすべての負傷兵と医師を殺し、婦女子を姦し、民家を掠奪したと記した。

　それはほとんど風聞であると断ってはいるが、会津兵の評判は自分の領地に近づけば近づくほど悪くなり、「私の知る限り、会津は隣接地でなんらの同情も得ていない」と厳しい書き方をした。

　十月十九日、容保父子が妙国寺から東京に護送される日、ウィリスは異様な光景を目撃し、次のように記すのである。

「妙国寺に集まった一般庶民は、たった十二人ほどで、容保父子の駕籠が通っても、野良で働いている農民は顔をあげることもなく、残酷で無用な戦争を引き起こした会津藩主に、なんの同情も示さなかった」

　この原因はなにか。ウィリスは会津藩の圧政がもたらしたと見た。

　この頃、領内で農民一揆が、頻発《ひんぱつ》していた。十月三日に城下から遠い大沼郡で一揆が起こり、十五日以降、河沼郡高久・笈川村などに波及していた。農民たちは絶えず鬨の声をあげて村役人の家を襲い、検地帳、分限帳、年貢帳などを焼き捨てた。

　会津藩は京都守護職を受けたことで、極端な財政難にあえいでいた。

「私は十年とか二十年とかの期限で、会津藩庁が人々に御用金を強制したことについて多くの話を聞いた。会津領の貧乏は極端であり、人家は私が日本の地方で見たもののうち、もっともみすぼらしいもので、農民は悪い服を着ていた。若松とその郊外は、三万の人家があり、そのうち二万は武士である。そしてすべてのものは、この特権階級を維持するために用いられ、課税されたという話を聞いた。京都守護職として過去六年間、大兵力を京都で維持するのは、兵員においても金銭においても、会津藩の力を超えていたというのが、一般の気持ちであった」

ウィリスは、こうも記した。

ウィリスの観察には当然のことながら異論もある。

戦争中、多くの農民が会津藩の食糧調達や弾薬の輸送に当たり、避難した家族をかくまっている。日光口の田島では農兵隊も組織され、薩長兵をなぶり殺している。

また残虐行為も、薩長軍のひどさは会津軍の比ではない。略奪、強姦、殺人は日常茶飯事であり、そのことを示す数々の史料も残っている。

会津城下での残虐行為は知れ渡っているのではぶくが、米沢藩の『越後戦争日記』には越後の戦いで桃井隊の中島左蔵が捕虜になり、見付市中を引き回されたあと、川原で指を切り落とされ、ついで手足を斬られ、腰を割かれ、なぶり殺しにあったことが記され、「あわれとも、むざんになり」と嘆き悲しんでいる。

佐渡にも似たような記録がある。佐渡では会津を支援するため、迅雷隊を結成、十六歳から四十歳まで男子百五十人を募って血判するなど会津に好意的だった。佐渡奉行所の山西敏弥は、なんとしても会津に入り、薩長軍と戦おうと従者を連れて新潟まで来ると、もう薩長軍でいっぱいである。

隠れているところを見つかり、長州干城隊の本営に引き立てられた。

「貴様はなにものじゃ」

と問うので「もと徳川の家臣」というと、奥の間にいた色黒く目の鋭い男が「徳川がなんだ」と従者の髪をつかみ、縁側に頭を打ち付け、足で蹴った。さらに他の兵士が背中をさんざん叩いた。

この目の鋭い男は、長州藩参謀奥平謙輔だった。後日、密かに会津藩の子弟を預かり教育するが、その奥平にして、この有り様であった。この日、山西は、網袋に生首三個を入れて持ち歩いている兵士を目撃し、また米沢兵の両手を切断する残虐行為も見ている。

容保は妙国寺の薄暗い客間で、うずくまるようにして、座り込んでいる。朝晩めっきり冷え、暗く長い冬が、間もなくやってくる。寺の周囲には大砲が据えられ、銃を持った薩長兵が監視している。

容保はあまりにも変わり果てた自分に、自嘲した。重臣たちの胸のうちも同じである。朝敵の汚名をそそぐためには、死をも辞さぬ、皆はそう考えて抗戦に踏み切った。だが、このような無残な結果に終わると、その選択が正しかったかどうか、胸のなかは、堂々巡りをくり返して、苦悩するばかりであった。

夜になると、毎晩のように闇のなかに炎があがり、わあーっと叫ぶ農民たちの声を聞いた。

容保の側にいるのは、家老の萱野権兵衛、梶原平馬、山川浩、内藤介右衛門と手代木直右衛門、

秋月悌次郎らだが、

「あれは何か」

との容保の問いに、重臣たちはことごとく口をつぐみ、

「いっときの迷いでござろう。いずれ収まりまする」

と悌次郎が容保の心を静めた。

やがて東京に護送された容保は、因州藩主池田慶徳邸、喜徳は久留米藩主有馬慶頼邸に幽閉され、また容保の側室は紀州藩邸に送られ、謹慎生活に入った。

一般の兵士は猪苗代や塩川、浜崎などの民家に分散収容されたが、間もなく越後の高田や東京に送られた。

権兵衛殉死

会津武士はすべて、会津降人《こうじん》と呼ばれた。政治犯として扱われ、会津藩を名乗ることも会津へ帰ることも許されない。

容保は因州池田邸の一室で悶々として過ごし、一日とて心の休まる日はなかった。あの耳をつんざく砲撃の音が脳裏をよぎり、何度も夜半に目を覚ました。

この容保の苦悩を救ったのは、公用方重臣広沢安任《やすとう》である。薩摩藩邸に拉致されていた広沢が釈放され、因州藩邸に姿を見せたのである。

「殿っ、面目次第もございませぬ」

広沢は容保の前につっ伏して号泣した。

「そちが薩摩藩邸に乗り込んだこと、聞いておったぞ」

容保が声をかけると、広沢は体をふるわせ、泣き続ける。広沢は獄舎で、会津人がなぶり殺しに遭ったことを詳しく聞き、身を切られるおもいの毎日だった。

もう殿に、会えないかも知れない。広沢は、そのことを考えると、いても立ってもおられず、主君の無事を聞いた時、

「不肖安任が、殿をお助けする」

と心に誓っていた。

幸か不幸か、会津戦争に加わらなかった広沢は、明治新政府の高官と話し合える数少ない会津人であった。広沢は西郷や大久保に働きかけ、会津藩再興に向けて運動を始める。

新政府の間を奔走し、広沢がまとめた会津藩再興計画は、まず責任者を出し、詫びることであった。なぜ詫びねばならないのか、誰の胸にも疑問があったが、勝てば官軍、負ければ賊軍である。広沢は萱野権兵衛、梶原平馬、山川浩らに、このことを話した。皆、覚悟の上であり、

「拙者が切腹いたす」

萱野権兵衛がいい、

「それはならぬ。拙者が責任をとる」

梶原平馬が制した。容保は身の切られるおもいがした。

家臣たちは、ひとこともいわぬが、このことは、どこからともなく伝わり、容保は主君としてどう対処するか苦しんだ。

「梶原どの。貴殿は若い。これからの会津を貴殿に託したい」

萱野権兵衛が再度申し出た時、梶原と山川はじっと権兵衛の顔を見つめ、無言で頭を垂れた。責任者である上席家老の田中土佐、神保内蔵助はすでに自刃している。残る一人は萱野権兵衛である旨が、新政府に伝えられた。

容保は、この決定を聞いた時、内心の辛さを隠すことができなかった。最高責任者は誰あろう、容保本人である。しかし主君を失えば、会津藩は文字通り崩壊し、お家再興の夢は消える。容保は、辛いおもいにむせんだ。

明治二年五月十七日、東京広尾の保科別邸で権兵衛は殉死する。享年四十二歳であった。

容保は前夜、権兵衛に一通の手紙を書いた。

「まったく我が不行き届きにより、かくも相至り候義に候」と詫び、容保父子ならびに一藩に代わって、このようなことになったのは、痛哭にたえず、「この上は国家のため潔く、最期をとげてくれる様願い入り候なり」と結んだ。

容保はまた一人、忠義の臣を失うことに耐え切れず、頭をかきむしってむせび泣いた。この時、容保三十五歳、人生これからというのに、心身はずたずたに切り裂かれ、涙も枯れ、時おり激しい無力感にさいなまれた。

自ら命を絶って家臣たちに詫びたい、そんなおもいにもかられたが、なんとか踏みとどまることができたのは、側室の懐妊である。

名賀と佐久の二人がそろって懐妊し、間もなく臨月を迎えようとしていた。生まれてくる子供たちのためにも生きなければ、容保は、そう自分にいい聞かせた。

夢うつつ　思いもわかず惜しむそよ
　まことある名は世に残れとも

照姫は、この歌と「気の毒言語に絶し、惜しみ候事に存じ候」としたためた手紙を送り、権兵衛の死をいたんだ。これによって容保極刑論は消え、この年六月、実子慶三郎《けいざぶろう》が会津若松の御薬園で誕生、九月に容保と喜徳の謹慎が解かれ、家名再興が許される。

挙藩流罪

明治二年十一月四日、容保の嫡男慶三郎に家名相続が命ぜられ、華族に列せられ、陸奥国三万石に封ぜられた。

慶三郎は容大《かたはる》と名を改め、新生会津藩の当主として、新たな道を歩むことになる。

容保は江戸・外桜田の狭山藩知事邸が与えられ、ここに側室や何人かの家僕たちと移り住んだ。萱野権兵衛の遺族も一室に間借りし、さほど広くもない邸内は、いつも人が出入りしていた。

下北の雪原（柴五郎の家跡）

容保の邸宅は、その後、大久保に引っ越し、さらに小石川小日向第六町の広い敷地に移るが、容保はほとんど自宅にこもり、人目を避けるようにして暮らした。生来、人の前に出ることを好む性格ではない。京都時代は多くの家臣にかしずかれ、守護職として威厳をただしてはいたが、病弱のため苦痛の日も多かった。

弁舌も苦手で、慶喜のように能弁にまくしたてることができない。いつも人の話を聞く方が多く、その点では、動乱期の君主には向かないと自分でも感じていた。

戊辰戦争を通して、容保はひどく寡黙だった。あれは会津にとって、やむにやまれぬ正義の戦争だったが、話せば弁解になるし、責任逃れになる、それならば黙っていた方がよい。いつの間にかそういう人生観ができあがった。人見知りも激しくなり、限られた人にしか、会わないようになっていた。

容保が、こうしてひっそりと暮らしている頃、旧会津藩の重臣たちは、陸奥と蝦夷地への移住作業に追われていた。

お家再興にあたっては、故郷の会津若松に帰ることが最善だったが、明治新政府の不信感が強く、それは通らない。

代わって与えられたのは、下北半島を中心とする陸奥国三郡と蝦夷地の四郡である。猪苗代を希望する声もあったが、それは拒絶され、下北に流された。

旧会津藩の東京事務所は、飯田橋の火消役所におかれた。梶原平馬、山川浩、広沢安任がここに詰め、さらに仙台で列藩同盟の参謀をつとめた永岡久茂が加わり、紆余曲折はあったが、新たな領土を斗南《となみ》藩と命名、権大参事山川浩、少参事に広沢安任、永岡久茂、倉沢右兵衛らを選んだ。大参事は旧藩の首席家老、少参事は家老にあたる。

梶原平馬は役職には就かず、明治新政府に出仕し、側面から支えることになった。

山川は、まだ二十六歳。若輩に過ぎないが、会津戦争で見せた指導力、機知に富んだ頭脳、ヨーロッパを視察した国際性、さらには土佐藩の後押しもあって大参事に選ばれた。土佐藩の後押しというのは、日光口で山川と戦った谷干城《たてき》が、「敵ながらあっぱれ」と誉めたたえ、以後、なにかと山川に好意を寄せた。

広沢も抜擢である。軽輩の出ではあるが、知謀に秀で、度胸も人一倍ある。京都時代、新選組のほかに会津小鉄をひそかに育て、あらゆる情報を得ていたことは、知る人ぞ知る。かつて幕府外交方の粕谷筑後守の随員として、この陸奥国大間《おおま》岬から船で箱館に渡り、ロシアとの国境交渉に臨んだことがあり、下北半島の土地柄や風俗も知っていた。この時、四十歳である。

永岡久茂も情熱の人である。

天保十一年（一八四〇）、会津城下に生まれた。世禄二百五十石、藩校日新館から江戸昌平黌に学び、戊辰戦争では、初め越後で河井継之助とともに戦い、のちに仙台に移っている。

会津救援のため仙台から兵を率いて福島に向かうが、すでに国境は米沢兵で固められ、入国できず、無念の涙を流した。その時、白石城で詠んだ歌は、会津三絶の一つとして、長く詠みつがれている。

独木《どくぼく》誰か支へん大廈《たいか》の傾くを
三州兵馬乱れて縦横《じゅうおう》たり
羇臣《きしん》空しく包胥《ほうしょ》の涙をながし
日は落ち秋風白石城

一本の木で、誰が大家の傾くのを支えることができようか。奥羽越は戦いで乱れてしまった。かつて中国の包胥が、自国が敵に攻められ、落城の危機が迫った時、隣国に行き、泣きながら援兵を乞うたが、目的を達せられなかった。つい先刻まで、列藩同盟の公議所がおかれた白石城に、秋風が吹いている。

永岡のせつないおもいが、にじみでている。

広沢と同じく、会津戦争には参戦しておらず、ハト派の印象をだした苦心の人事であった。陸奥行き反対の急先鋒は地元組の町野主水である。

「我々はかつて二十三万石の大藩である。敗れたとはいえ、陸奥の国三万石は体のいい流罪ではないか。墳墓の地を離れるわけには参らぬ」

町野は、まなじりを吊り上げて怒り、「そのようなことは、認められるはずがない。故郷に恋々《れんれん》とする時にあらず」とする永岡と口論になった。

「なにおっ」

町野は、ついに抜刀し、永岡に斬りかかろうとして止められた。幸い、大事に至らず、お互いに水に流すことで決着したが、移住派にも不安は山積していた。

倉沢右兵衛は籠城戦の時、二の丸の指揮をとった旧若年寄で、五十五歳になっていた。組織をまとめるためには、老臣も必要である。山川の御意見番として、首脳部に加わった。

野辺地《のへじ》の支庁長をつとめたあと、のちに青森県五戸《ごのへ》に和塾を開き、多くの人材を育て、嫡男弥太郎は近郷の村長をつとめ、文字どおり陸奥に骨を埋めることになる。

移住希望者は北海道が二百二十余戸、七百人、陸奥は諸説さまざまだが、明治三年の民部・大蔵両省宛の若松県の上申によれば、旧会津人員二万人のうち約二千人は若松に帰農、約千二百人が東京で職を求め、約二千人は行方が定かでなく、残り一万四千八百人が陸奥に移ったとある。

新生会津藩の名前、斗南は中国の詩文「北斗以南皆帝州《ほくといなんみなていしゅう》」から採ったもので、本州最果ての地であろうとも、ここもまた天皇の領地であるという意味が込められていた。

「殿っ、いかがでござる」

山川が容保の意見を求めた。帝への忠節を旨とする容保に、異存のあるはずはない。さすがは、わが家臣たちだ。

容保は斗南という名を何度も口にし、陸奥の国での、皆の幸せを祈った。

斗南藩首脳が明治新政府と折衝し、まとめた移住計画は、当面三万七千両と援助米三万石の支給を受けて斗南に移る。このあと、十七万両の政府資金を導入し、開墾をすすめ、一万四千余人の生計を立てるというものであった。

斗南の地は二戸《にのへ》郡金田一以北の三戸《さんのへ》、五戸と下北半島野辺地から北で、中間の三沢、三本木の七戸《しちのへ》藩、八戸《はちのへ》の八戸藩を除く百八村、高三万四千石の領地である。

古来、凍餒蛮野《とうたいばんや》の不毛の地といわれ、夏でも冷風が吹き、米は実らず、文字どおりの辺地である。不安はあったが、挑戦するしか生きる道はない。

輸送計画は、海路を主に立てられた。アメリカの蒸気船ヤンシー号千百八十七トンをチャーター、新潟から下北半島の野辺地か大湊《おおみなと》に向かうのである。

越後の高田や東京に謹慎していた藩士たちは、いったん会津若松に戻り、家族とともに新潟から船に乗り込んだ。

第一便は五月二十九日で、以下、この年の十月までに都合六回運航され、七千余人を運んだ。残りは陸路斗南に向かった。

船なら一泊の行程だが、婦女子を連れての陸路は苦難の旅で、病人も続出し、何人かの犠牲者もでた。

容保は東京を離れることを禁じられており、代わって嫡男容大が会津若松から陸路、斗南を目指した。

数え年二歳の容大は、江戸詰め小姓の富田権造に抱きかかえられ、駕籠で五戸に着き、旧南部藩士三浦伝七方を宿とし、明治四年二月までの六カ月間、ここに住んだ。この五戸地方は少参事の倉沢平治右衛門が統轄し、下北の方に山川浩、広沢安任、永岡久茂が居を構え、斗南藩の執政にあたった。

斗南藩庁は最初五戸においたが、すぐ田名部《たなぶ》の円通《えんつう》寺《じ》におかれ、容大も五戸から、ここに移り、山川の母の手で育てられた。

しかし、容大とて着のみ着のままでの生活で、女中たちが、シラミ退治に明け暮れる日々だった。

容保は一日も忘れることなく、容大の安否を気遣った。せめて生母の佐久を斗南にやりたかったが、養育はすべて現地で行なうというので、二人は、いつも容大のことばかり話して過ごした。

子を持って初めて親の気持ちを知った。この時、容保は三十六歳である。

容保の願いもむなしく、斗南藩の開拓は難航した。山川浩ら斗南藩首脳の経営理念は、とにかく自立の勧

下北に残る遺品（会津斗南資料館蔵）

めである。

帯刀を認めず、平民の気持ちで地域の人々と協調、農工商いずれでもよい、自主の民となるよう説いた。しかし、理想の前に、現実の生活があった。

進撃隊士荒川類右衛門は家族七人で下北に移り、田名部に近い田屋村《たやむら》の平七宅が割り当てられた。

夏の間は野山で蕨《わらび》の根を掘り、浜辺で海草を拾い食いつないだが、冬とともに飢えと寒さが、斗南藩士の上に襲いかかった。

米が底をついた。連日、釜臥山《かまふせやま》からごうごうと寒風が吹きつけ、防寒具ひとつない荒屋《あばらや》で、粟がゆをすすりながら、肩を寄せ合い、飢えと寒さをしのぐしかない。十一月九日に三歳の乙三郎《おとさぶろう》が栄養失調で病死した。

地元の人々から馬鈴薯を分けてもらい、なんとか飢えをしのぎ、翌明治四年春、田名部の妙《みょう》見平《けんだいら》に建てた新建《しんだて》に引っ越した。

会津のゲダカ

二百五十坪の土地と、二間半に三間の小さな小屋だが、晴れて自分の家である。

農耕馬と粟、大豆、小豆などの種も貸与され、雪どけとともに開墾を始めた。

家族は母カヨ、妻ミヨ、嫡男秀太郎《ひでたろう》、次男乙次郎、長女サタ、二女千代の六人である。来た時は七人だったが、三男の病死で、六人に減っている。

母と妻は来る日も来る日も海へ行き、昆布を拾い、類右衛門は秀太郎と荒地を掘り起こした。やっと百坪ほどを耕して、五升芋と大豆を蒔いた。まだ土地は半分も起こしていない。急がないと作付けができない。その矢先に、馬の具合がおかしくなった。横になったまま動かないのだ。馬を扱った経験がないので、エサが十分でなく、栄養失調になったのかもしれない。馬は三日ほどして死んだ。あとはすべて人手に頼るしかない。秀太郎は十一歳、まだ幼いが、歯を食いしばって父親を助ける。

六月二日に、野辺地の方から五百人ほどが妙見平に引っ越して来た。

翌三日には藩知事の容大公と山川浩ら重役が激励に訪れ、類右衛門は鎌一挺を拝領し、大いに面目を施した。

八月には田名部学校が設立され、秀太郎も晴れて入学することになった。斗南の未来を作るのは教育だとして、斗南藩日新館を開設したのである。

その喜びもつかの間、類右衛門一家にまたしても不幸が襲った。母が病に倒れたのだ。全身がはれ、食事を受け付けなくなり、隣家から気付け薬をもらって、口にふくませるが、呼べど叫べど答えはなく、息を引き取った。

「ああ悲しいかな、無常の風に誘われ給い、黄泉の客となり給う」

類右衛門は日誌に、こう書き残している。

斗南の開拓は、重大な危機に立っていた。開拓は思うように進まず、わずかな収穫も害虫や馬に食われ、ほとんど皆無に近く、痛人が続出し、逃亡者も目立つようになっていた。

会津人の悲惨な暮らしについて、さまざまな声があった。地元の人々は、突然やって来たこの招かれざる客を「会津のゲダカ」「ハトザムライ」と陰口をたたいた。

ゲダカというのは、下北地方の方言で毛虫のことである。会津の人々は毛虫のように野山のものは何でも食べた。ウコギ、アカザ、ゼンマイ、アザミ、アサツキ、ヨモギ、フキ、ワラビ、手当たり次第に採った。

ハトザムライというのは三戸・五戸地方の陰口である。鳩のように、大豆や豆腐のおからばかり食べているという意味である。

「斗南移住は失敗だ」

山川ら斗南藩首脳を、公然と批判する声も起こった。

「死ぬな、死んではならぬぞ。堪えてあらば、いつかは春が来るものぞ。堪え抜け、生きてあれよ。薩長の下郎どもに、一矢を報いるまでは」

これは有名な柴五郎の遺書の一節だが、むしろにくるまって寝、氷雪の上をはだしで歩くしかない赤貧の生活に耐え、野犬を捕らえて食いつなぐことも限界に来ていた。

この年の七月、廃藩置県《はいはんちけん》が断行された。

一時、斗南県が設置されたが、このような小さい県では生存が困難である。やがて弘前県に併合され、十一月には青森県に変わり、会津藩再興の夢は、完全に消えるのである。時代の変革の嵐に、藩士たちはどう生きるか途方にくれた。

容保のもとに、山川浩から一通の手紙が届いたのは、廃藩置県の発令を控えた六月の末であった。

そこには綿々と、斗南の困苦な暮らしが書かれてあり、至急、斗南の地を訪れ、皆を励ましてほしい旨のことが、書かれていた。

まだ顔を見たことのない、容大のことも気になるが、皆の苦労が、手に取るように脳裏に浮かび、容保は矢も盾もたまらず、養子の喜徳を連れて、下北へ旅立った。陸路では一カ月、いや二カ月はかかる。北海道行きの汽船を捜して、これに乗った。

いつ、どこから出帆して、何日かかったのかの記録は見当たらない。ただ地元の『佐井村誌』に「七月二十日、容大の父容保は箱館から佐井に上陸し、田名部の円通寺に入った」とあり、海路、箱館経由で来たことがわかっている。

柴五郎も東京から船で来ている。その時は汐留《しおどめ》（新橋）から艀《はしけ》で品川沖に出て、八百トンばかりのアメリカの蒸気船に乗っている。

船の両舷に外輪があり、ガラガラと大きな音を立てて進むのだが、波の高い日は島陰に入り、一カ月近くかかって、野辺地に着いている。

容保には二度目の航海であった。

大坂から軍艦開陽丸で、品川に逃げ帰ったのが最初である。あの時は無我夢中だったが、今回は長い航海で、何度も暴風雨に遭い、その都度、苦しみ、死人のように横になった。

喜徳は若いせいか、すぐ船旅に慣れたが、容保は船酔いが一向におさまらず、佐井の港についた時も足がふらつき、目がまわった。港には山川や広沢らが待っており、懐かしい顔が、そこかしこにあった。皆、どことなくやせ衰え、倉沢平治右衛門などは、すっかり年をとり、苦労のあとがしのばれ、胸が痛んだ。

円通寺は、おもったより大きな寺院で、容大は寺の人々に慣れ、遊びまわっていた。父の顔を見ても、誰であるかわからず、容保を苦笑させた。

容保が来たというので、下北のあちこちから藩士たちが駆け付け、なかには境内に座り、手を合わせてひれ伏す者もいた。

「そんなところに、座らずともよい。近う寄れ」

容保は訪れるすべての人に、手を差しのべ、言葉をかけた。人々は流れる涙をふこうともせず、じっと地べたに座り続けた。

皆、衣服は粗末で、子供たちは裸足《はだし》である。肩で風を切って、京の町を歩いた会津藩士の面影はどこにもない。

容保は、いうべき言葉もなく、涙がこみあげるのを抑えることはできなかった。

天下に、その名をとどろかせた会津藩である。

永岡久茂は「波静かな天然の良港、大湊を世界の貿易港とし、十年後には外国の商船が引きもきらず錨を下ろすであろう」と詠んだが、それも夢幻と消えてしまった。

「我々の力不足、おわびの言葉もございませぬ」

山川が容保に詫びた。

「いや、皆はよくやってくれた。しかし、それがむくいられず、余もくやしい。何度もいうが、我らは朝敵ではない。必ずや帝の恵みが、我々の上に降り注ぐ日もあろうぞ」

容保がいうと、すすり泣く声が境内に広がり、もう止めようがない。

どこまで薩長は会津をいじめ抜くのだ。容保の胸は怒りに満ちた。ただ一人、広沢安任が「なんとしても、この地に生きる」といい、容保を喜ばせたが、斗南藩士一万数千人が、ここで暮らすことは不可能である。いずれ会津に帰るか東京に出て、新しい道を探さねばならぬことは、はっきりしていた。

容保は秋月悌次郎のことをおもった。悌次郎はまだ捕らわれの身で、ここには来ていない。ここにいれば何を考えたであろうか。そのことをおもった。

戊辰戦争に敗れたあと、悌次郎は茫然として過ごし、精神的空白の状態であった。そのころつくった詩がある。

わずかにこの山を隔てて即ち会津
雲晴れて天なかばに玉嶙《ぎよくりん》の山
老囚《ろうしゆう》誰か識らん笑中の涙を
ただ吾妻《あづま》を見て親を見ず

これは明治四年、罪を許され、容保と入れ違いに、斗南に向かう途中、詠んだ詩である。

吾妻山が見える奥州街道の福島あたりで詠んだものであろう。あの山の後ろに老母がいる。いつの日か聖明な天皇が救いの手をさしのべてくれようが、いまの自分には母親さえも助けることができない。老いた囚人の笑いのなかに、涙があるのを誰が知ろう。

あの悌次郎でさえ、心のなかは空虚であった。

出立の朝

聖明な天皇は、いつ会津藩士の上に姿を見せるのか。容保もしきりに、このことをおもった。

容保は、ここに一カ月滞在して、藩士たちを慰労し、田名部から野辺地、七戸、三戸、五戸を通り、ふたたび東京へ向けて出立する。

出立の日、田名部日新館の子供たちが円通寺の境内に並び、君公親子を見送った。皆、ワーっと泣きだし、容保は斗南の地にくることはもうあるまいと思うと、下北の山野が目にしみ、釜臥山が二重にも三重にもかすんで見えて、胸のせつなさは、言葉に表せないほど辛いものがあった。

前日、容保は藩士一同に容大名で次の布告を出していた。


このたび余ら東京へ召され、永々、汝らと艱難をともにするを得ざるは、情において堪え難く候へども、公儀のおぼし召しのあるところ、やむ得ざるところに候。これまで賎齢をもつて重き職に奉じ、ついにお咎めかうむらざるは、畢竟《ひっきょう》、汝ら艱苦に堪へて奮励せしが故と、歓喜このことに候。この末、ますますご趣意にしたがひ奉り、各身を労し、心を苦しめ、天地罔極《もうきょく》の恩沢《たく》に報い奉り候儀、余が望むところなり。

八月二十日　　松平容大

容保は、ここでも、我ら会津人は天皇を主と仰ぐ臣民であると語り、皆に一層の努力を求めたのである。

容保の願いもむなしく、斗南藩は崩壊する。明治五年、青森県大参事野田豁通《ひろみち》が大蔵省に提出した書類によれば

「旧斗南藩士一万三千二十七人のうち三千三百人は各所出稼、あるいは離散、老年ならびに廃疾《はいしつ》の者六千二十七人、幼年の者千六百二十二人、男子壮健の者二千三百七十八人」

という惨憺たる有り様であった。

当初移住したのは一万七千余人であり、この報告とは四千人ほどの差がある。これをどう見るかの問題はあるが、悪食のために胃に虫がわき、あるいは栄養失調、下痢などで老人、子供がばたばた死んでいったのである。

荒川類右衛門の一家は、まだ妙見平にいた。会津に引き揚げたところで、土地も家もない。帰る資金もない。やむを得ず留まっていた。

しかし、その年の十二月五日、これまで経験したことのない、すさまじい冬の嵐に襲われる。夕刻から風がだんだん激しくなり、夜十時ごろからは暴風雪となった。冬囲いの丸太がばりば

りと音をたてて折れ、障子が吹き飛び、屋根の小羽板がはがれ、載せていた石とともに、雪がどかっと部屋の中に落ちて来た。

類右衛門は子供の手を引いて、夢中で外に出た。外は五尺も雪が積もっており、辺りを見渡すと、いたるところで家屋が倒壊し、その下で、人がうめいていた。もはや、ここに住むことはできない。

会津に出稼ぎ

類右衛門は会津若松に、出稼ぎに出ることを決意、長女のサタを残して妻と長男、二男、二女を連れ、翌四月、会津若松へ帰るのである。

すでに藩米の支給は廃止され、各自勝手たるべしとの伝達があり、この地に残る者、会津若松へ帰る者、東京に出る者、北海道に渡る者と悲喜こもごもの風景が、毎日のように見られた。

会津若松に帰って驚いた。遊女屋があちこちにあり、町はすさんでいた。斗南帰りの人々と共同の長屋を借り、張り子を作ったり、傘轆轤《ろくろ》や目立てを業として、なんとか食い扶持を稼いだ。

間もなく長女サタも会津へ戻り、一家六人となったが、明治七年八月に、長男秀太郎が疫痢《えきり》にかかって死亡した。わずか十四歳。類右衛門は妻の手をとって、三日三晩泣き続けた。

それもつかの間、今度は妻ミヨ、長女サタが相次いで病死する不運に見舞われる。類右衛門は苦しみのどん底に突き落とされる。

容保は、この間、一度、会津若松を訪ねている。明治七年四月のことである。やらねばならぬ大きなことが残されていた。戦死者の供養である。会津藩の戦死者は、市内各所に放置されたまま冬を過ごし、各所の遺体を阿弥陀寺に収容したのは、明治二年の春である。

遺体は狐や狸、トビや鴉に食いちぎられ、その惨状は、言語に絶した。生死の知れぬ男たちを捜して、女たちがいたるところに出ており、あるいは夫ではないか、子供ではないかと、仮埋葬してある遺体を掘り起こした。しかし、ことごとく腐乱し、遺体から茶褐色や薄鼠色の異様な液体が流れ落ち、その悪臭は鼻をついた。

それを見ると、女たちは泣き崩れ、それでも必死に夫や子供を捜そうと首を持ち上げると、ぽろりと首が落ち、手を持てばバラバラにくだけた。

昔から骨肉の人がくると、遺体から鼻血が出るというが、そのようなことも、しばしばあり、鬼気迫るものがあった。

阿弥陀寺に埋葬

城中空井戸と二の丸の梨子園に埋めた屍体も、何人かの心ある人が、これを掘り起こし、筵に包み、阿弥陀寺の境内に集めて合葬していた。

長命寺裏では大激戦があり、ここでも多くの戦死者をだした。ここの遺体は寺の住職が独力で境内に葬り、会津に残った町野主水らが各地を回り、焼香を続けていた。早い時期に焼香し、皆の霊をなぐさめたい。容保は日々そう願い続けてきた。

久しぶりに仰ぐ鶴ヶ城は、会津の空に毅然とそびえており、容保はまるで夢をみるような気持ちで、天守閣を見上げた。

しかし、家臣たちの艱難辛苦をおもうと、感慨にひたることはできず、また明治政府の目もあり、焼香をすませるや、早々に東京へ引き揚げざるを得なかった。容保の行動は厳しく規制されていた。

日光東照宮の宮司に任ぜられる明治十三年までの間は、ほとんど出歩くこともなく、東京でひっそりと暮らした。楽しみは毎日欠かさぬ晩酌であった。

山川浩が月に何回か顔を出し、原田対馬や簗瀬三左衛門、諏訪伊助、井深宅右衛門、柴太一郎らもよく足を運び、町野主水もしばしば上京した。

原田対馬は硬骨漢で、籠城戦のおり、西出丸を受け持ったが、戦後処理にあたり、首謀者を出すよう命ぜられた時、

「拙者は無力短才で、要職に当たることはできぬ。君公父子と藩士一同に代わり命を差し上げたい」

と申し出て、皆をうならせたことがある。

容保は、こうした人たちからの家臣たちのその後を聞き、一喜一憂するのが常だった。驚いたのは、永岡久茂の獄死である。

思案橋事件

永岡は同じ旧会津藩士の中根米七、中原成業、竹村俊秀、井ノ口慎次郎とともに政府転覆運動に加わり、千葉県庁を襲おうとして発覚、明治九年十月二十九日、東京思案橋で捕らえられ、全員が獄死、自刃、あるいは死刑に処せられた。

中根は、かつて二条家の護衛にあたり、中原は旧姓高津仲三郎、鳥羽・伏見で逃げ帰った慶喜に「なんたること」と噛み付いたあの気骨の男である。

戦後、会津若松に残り、会津人を苛めぬいた官吏を一刀のもとに斬り捨てた。竹村は山川の側近、狙撃隊長をつとめ、井ノ口は永岡の門下生で、二十四歳の青年であった。

容保は彼らの無念をおもい、一人悄然と涙した。

人は犬死にというかも知れないが、容保は彼らの気持ちが痛いほどわかり、いつの日か彼らを会津の名において葬ってやりたい、とおもった。

山川は陸軍へ

山川浩は谷干城のすすめで陸軍に入り、佐賀の乱に出兵し西南戦争では熊本城に閉じ込められた谷干城を救出するはなれ業を演じ、陸軍大尉に任じられていた。

山川は後年、陸軍省人事課長、東京高等師範学校長、貴族院議員となり、東京会津会の代表として後進の育成指導にあたる。

広沢安任が三沢に牧場を開き、成功したことも耳にした。山川や広沢のように先達の路を歩む男も誇りだが、むなしく死んで行った何千何百という家臣や領民を忘れることができず、心のどこかに憂いがあった。

佐川官兵衛は西南戦争で死に、奥羽越列藩同盟という途方もない大きな夢を与えてくれた梶原平馬は、行方がわからなくなっていた。

青森県庁の総務課長として斗南藩の後始末をした後、箱館に渡り、ぷっつりと、消息を絶ったのである。

会津藩首席家老を務めた大器、梶原平馬がなぜ姿を隠してしまったのか。

「そっとしておいた方が」

山川はいったが、容保は平馬の気持ちも痛いほどわかり、気の毒で胸がおしつぶされるような感じがした。

平馬が姿を消してから、自分もめっきり老け込んだような気がした。次々に子供が生まれ、男の子はどれも頭が良く、将来が楽しみだったが、家庭の幸せにひたりきることはできず、容保の顔は、年とともに憂色の深いしわを刻んで行った。

日光東照宮司

日光東照宮の宮司が容保の最後の仕事だった。容保がもっとも力を入れたのは、東照宮の永久保持である。財政難のため荒れるにまかせており、修理保存するため、保勝会をつくり、募金運動を始めた。

目標は二十万円だが、実際は四十万円も集め、明治十五年には四千九百人だった会員を十九年には一万一千人に増やし、財団法人保勝会の基礎をつくった。

容保が手がけた修理箇所は表門、神厩舎、御水舎、鐘楼、鼓楼、本地堂、廻廊、神楽殿、石垣、敷石、階段など随所に及び、日々、工事現場を丹念に見回る容保の姿があった。

このころ、多くの人が容保を訪ね、京都守護職や戊辰戦争のことを聞いている。

誰が来ても、容保の答えは決まっていた。

「往時は茫々《ぼうぼう》として、なにも覚えてはおらぬ」

あとは口をつぐみ、なにも答えなかった。

「趣味は」

これも人はよく聞いた。

「さあー」

自分でもよくわからない。

会津戦争の指揮をとった松平容保(中央)

聞けば慶喜は狩猟、写真と幅広く楽しんでいるようだが、容保には無縁であった。

自分だけが楽しむことなど、できようか。

いつも、そうおもった。強いてあげれば、和歌である。生涯で二千三百もの歌を詠んだ。若い頃は人なみに恋の歌が多かったが、晩年はどうしても、家臣たちにおもいを寄せたものになった。

大君の恵のつゆのこの身にも
かかるへしとはおもはさりけり

明治十年、正四位に任じられた時、このように詠んでいる。

わたしのことを帝は忘れずにいてくれたのか、と率直に驚きと喜びを詠んでいる。

容保が病に倒れたのは、明治二十六年十月である。おもえば長く生きすぎた。常々そうおもっていたが、この年、秋風が吹く頃から胸や背中に痛みが生じ、床に就く日が多くなった。

皇后陛下の牛乳

山川浩は弟健次郎がつとめる東京帝国大学の付属病院へ入院をすすめたが、容保は、それを断り、自宅療養を望んだ。人間はいつかは死ぬ、無理して生き永らえてみたところで、何になろう。自然の形で終末を迎えるのがよい。

容保には、そうした人生観があった。

皆が、あの世で余を呼んでいる。そんな気もした。

容保は家族とともに、自宅で最後の二カ月を過ごしている。最後のころは激痛が全身を襲い、食事が喉を通らず、水を飲むのがやっとだった。

そんな時、皇室の侍医頭橋本綱常が訪ねて来た。

秘書の望月弁次郎と浅羽忠之助があわてて容保の病室に駆け込んだ。

「殿っ、英照皇太后陛下から牛乳を賜わりました」

「なんと」

容保は身を起こして、侍医頭を見た。

「皇太后陛下が、これを」

それは瓶に入れた一本の牛乳であった。容保は牛乳が嫌いで、あまり飲んだことがない。侍医頭は、それを知っていて、牛乳に珈琲と砂糖を加え、持参したのである。

容保は佐久と名賀に助けられ、涙にむせびながら牛乳を飲んだ。

なんとありがたいことか。容保は嗚咽しながら、牛乳を口にした。

この姿に佐久も名賀も泣き崩れ、容保のそばで半生を過ごした浅羽忠之助も目頭をおさえた。

容保は一カ月後の十二月五日、孝明天皇の御宸翰をにぎりしめながら、静かに息を引きとった。

享年五十九歳。

波乱と苦しみに満ちた生涯であった。

前日四日、正三位に叙せられ、東京南豊島郡内藤新宿正受院に葬られ、大正六年に会津若松市東山の松平家御廟に移葬された。

諱《いみな》は忠誠《まさね》霊神。

孝明天皇が容保に賜わった御歌、

たやすからざる世に
　武士の忠誠の心をよろこびてよめる

からとった諱である。

松平容保が生涯を通じて持ち続けたのは、おのれは朝敵にあらずとの固い信念だった。皇太后陛下の牛乳を口にした時、容保が抱き続けた無念のおもいは晴れたが、それをはっきり示したのが、容保の孫松平節子が秩父宮妃殿下として皇室に入った時である。

容保の死後三十五年目の昭和三年（一九二八）である。会津人は狂喜乱舞し、

「多年の雲霧《うんむ》、ここに晴れたり」

新聞の見出しが、この時の喜びをいまに伝えている。

補章

鳥羽伏見街道を歩く

高橋美智子

淀駅

起点は京阪電鉄「淀駅」である。

電車を降りると、北側に石垣の一部が見えてくる。

城の郭は駅前の雑踏を無視するかのように木立で覆われていた。横列縦隊に並べられたおびただしい数の自転車が城への通路を塞いでいる。淀城は市民の生活の場であるかのようだ。歴史に登場する秀吉の旧淀城は破却された後、今の城は徳川の時代に移設されたものである。見学者の私にとっては秀吉の心意気がこもる城である。

春たけなわ、石段を登ると草いきれで胸がつかえて立ち止まった。ツツジの鮮やかさが薄暗い城址に映えて、さらに鮮やかさ

淀駅で降りる戊辰戦争研究会のツアー

淀城跡

が増していた。二の丸跡には城主を祭る神社があり、さらに進んでいくと南東と北西の隅には櫓台跡。子らの楽しげな歓声が響き渡り、庶民の安らぎの公園として、淀城は現代を生きていた。

かつて、この淀城の周囲にはいくつもの堀が取り巻き、城の西と北には直径八ｍの大型水車が廻っていたという。水車の下で捕れた鯉の味は格別美味で、「淀の川瀬の水車、誰を待つやらくるくると」と歌われた。今でも、淀城にはかわいい小さな水車が廻っている。淀の川も細々だが、しっかりと流れ続けている。淀城本丸と大水車の復元の計画があると聞いたが、将来どんな姿が見られるのか楽しみである。

淀の歴史は古い。水の流れがゆったりと

淀んでいたことで名づけられた淀。この地は、桂川、宇治川、木津川に囲まれ、古代から貢納物を集積する商業地。京都・大坂・奈良・近江などの接点であり、京洛に入る拠点を占めていた。かつての宇治川には淀小橋が架かっていた。木津川の淀大橋は今もある。

駅前商店街を抜けて行くと、「淀小橋」の石碑がある。

京阪電鉄の線路伝いに伏見方面へ向かう。京都競馬場の駐車場を過ぎたあたり、「鳥羽伏見之戦跡地の碑」が見てとれる。この付近は、秀吉が愛でた松並木の続く堤だったが今はない。川も埋め立てられている。

突如聞こえてきた競馬場の歓声は往時の庶民のざわめきか、いや、さながら、戦の雄たけびのようでもある。地下の戦没者たち、思わぬ騒ぎで眠りを妨げられているかもしれないと思った。

埋骨の墓標

ここから、桂川堤防は近い。堤防周辺に点在する東軍戦没者の埋骨墓標。幕府軍関係者は、自分達を「東軍」と呼んだ。遠き地より来て、命を散らした多くの名も知れぬ若者達。その戦いの激しさ、悲惨さが胸に迫ってくる。思わずため息を付いてしまう。それにしても、鎮魂の墓石の何と小さいことか。追い立てられるように、歴史の目印を探して路地をさまよった。

「戊辰役東軍戦死者埋骨地」と刻まれた碑があちこち建つところ、それが淀の「納《のう》所《そ》」であった。彼らは、バスの停留所の脇、民家の勝手口の前、そして庭の片隅に暖かい陽射しを受けて眠っていた。地元の方々は彼らを手厚く弔ってくれたのである。

北に六キロほど移動して鳥羽離宮に入る。子供達が草野球をしている。公園の置石に座って一休み。目を閉じて往時を偲ぶのが私の慣わし。今は、慶応四年（一八六八）一月三日午後五時ごろの夕暮れ時。

轟音一発、数メートル先の薩摩軍の大砲が放たれた。問答無用の意思表示である。直後、地響きを立てて小銃の一斉射撃が始まった。伏見の方角からも砲声が聞こえてきだした。戦いは熾烈を極めた。湿地帯であるこの地方、一月の寒さは、また格別で、両軍の兵士達を苦しめた。

桂川堤防

明けて、一月四日、薩摩軍の駐屯する東寺に錦の御旗が翻る。錦旗の威容に圧倒されてしまったのか。形勢は薩摩軍有利に展開した。幕府軍は、態勢を立て直すため淀へ向けて退却して行く。しかし、頼りとした淀城は門を閉ざし、淀藩は寝返る。中立を保つためなのか、裏切りなのか。津藩にいたっては武士の義を反古にしたやりよう。「最後の侍」たちはいったいどうしたのか。

鳥羽に始まり全国を転戦する最強の薩摩軍。思わず横にいる人の良さそうな紅顔の兵士にそっと告げ口をした。あなた方はやがては賊軍となり、仇討ちの抜刀隊により散々な目にあわされるのよ……。

戦はこれまでにしましょう、草野球少年らの歓声が休戦の合図です。

薩摩軍の本営・城南宮

鳥羽街道

鳥羽離宮に沿った鴨川沿いの道は、鳥羽街道（千本通り）といい、平安時代の古きより京に通じるメインストリート。薩摩軍は小枝橋を渡り東西に展開して待ちうけ、縦隊の幕府軍は鳥羽街道に沿って北上してきた。

旧小枝橋は、老朽化のため、平成十四年に撤去。新小枝橋のたもとに「鳥羽伏見戦跡」の碑がある。橋のすぐ横に医院があるのでそれと判る。当時、橋のたもとには三軒の民家があり、そのうちの一軒は野戦病院に使われたという。

史跡巡りの一団と出会う。彼らもまた戦没者達の志に感銘し、維新動乱の無常を心に刻んだ様子で通り過ぎていった。

妙教寺

淀藩とゆかりの深い寺が納所にある。妙教寺という。旧淀城の本丸跡を拝領して、寛永三年（一六二六）建立。この付近は、両軍の打ち出す砲火の間に挟まれた激戦地であった。妙教寺は危機一髪で焼失を逃れた。

戦の最中、本堂に砲弾が飛び込み、壁板を破り、柱を貫通した。仏壇には戦死した旧幕府軍の位牌が安置されている。その時の砲弾や銃刀は、戦の様を後世に伝えるため大切に保存されている。

本堂を右手に、境内には榎本武揚の筆による「戊辰役東軍戦死者之碑」の石柱がある。天に向かってそびえ立ち揺るぎがない様子、その姿、誠に美しい。碑に対面している私に妙教寺前住職の松井東祥さんが近づいてこられた。目がお優しい。九十二歳にしてお元気なご様子。

「洛南の鐘」という季刊紙を約七十年近くにわたって檀家向けに発行し続け、また同時に、僧侶でありながら太平洋戦争に駆り出された辛い体験を語り継いでおられる。今は、楽しみにしている読者も多いことであろう。毎年一月四日、徳川・会津・桑名・新選組など合計七十六名の東軍の戦死者の戊辰ノ役戦死者埋骨地墓回向が行なわれている。

現在は、ご子息の現住職が活躍しておられる。平和を願う心が親から子へと引き継

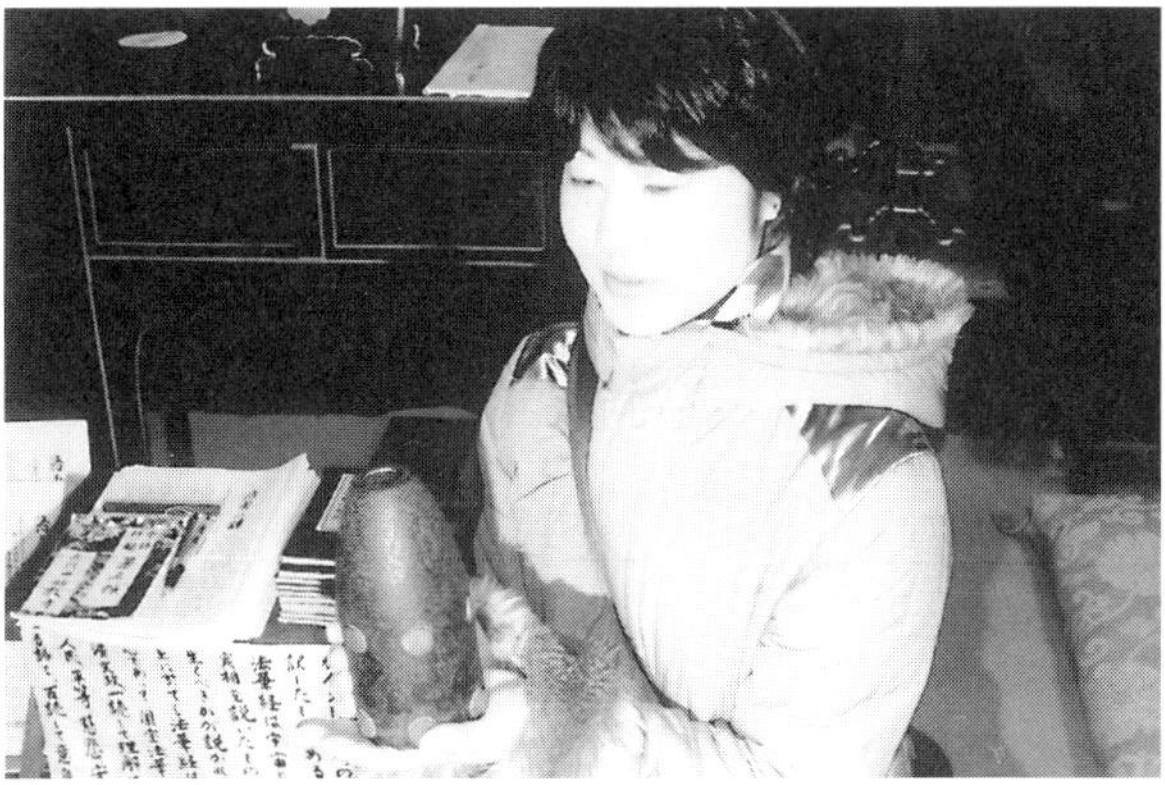

妙教寺に飛び込んだ砲弾

がれている。

伏見の戦い

伏見周辺の史跡を見て歩く。最寄り駅は、京阪電鉄伏見桃山駅、近鉄桃山御陵前駅、またＪＲ線桃山駅である。伏見桃山駅の駅前には洛南最大のショッピングセンター街がある。道筋は広く、活気があり、ゆったりと買い物のできる庶民の町である。

大手筋の中ほどに、珍しい川魚専門店を見つけた。他では見かけない伏見ならではの地場産品が並んでいる。上品な茶色に煮られた鯉や鮒の砂糖煮を見ていると、この店秘伝の味付けだという。種類の多さに驚く。残念ながら伏見産ではなく、材料魚は琵琶湖産だそうだ。これこそが庶民の味のような思いに駆られて、一折り、買い求める。

伏見は戦で市街地の大半を焼かれ、その後は衰退の一途をたどることになる。歴史に再度登場するのは戦役後しばらく経ってからのことで、その窮地を救ったのが奇しくも官軍の後継者達であった。伏見奉行所跡は、帝国陸軍第十六師団工兵大隊の駐留地となっていた。宇治川、桃山泰長老《たいちょうろう》の傾斜地は塹壕や陣地の構築演習に、そして渡河作戦の場として使用された。明治から昭和の大戦前の時期、伏見は日夜訓練に励む兵隊さんたちの溢れる町であったという。

城下町のような活気を取り戻したが、そこに登場するのが「伏見の酒」である。灘に次ぐ酒どころとして、江戸時代にはかなりの生産量を誇っていた。

「月桂冠」「神聖」「名誉冠」「日の出盛」など軍隊好みの銘柄が並ぶ。地下水が芳醇な甘さを演出するらしい。酒蔵事業者の絶えざる研究と努力の甲斐あって、今や天下国家の銘酒の名をほしいままにするに至っている。紀伊徳川屋敷跡に建つ「月桂冠昭和蔵」、薩摩島津屋敷跡には「玉乃光酒造」、寺田屋近くの「黄桜」や「神聖」といったそうそうたる酒造メーカーが軒を連ねている。

「神聖」のラベルの文字は富岡鉄斎の筆によるもの。酒造蔵の一棟を改装した「鳥せい」は鳥料理専門店で有名。店の横では湧き水を飲ませてくれる。ここでは大勢の人がペットボトルを持って行列を作っていた。

奉行所

伏見の町並みは古く、時代劇映画のセットに使えそうな感じ。突如、目の前に侍が登場しても驚かないかもしれない。町筋には、吹屋ベンガラ格子の酒屋商家が軒を連ねている。格子の隙間は狭く通行人から家の中を覗き込めない。暗い側の室内からは外がよく見えるのが格子構造の特徴である。杜氏達は秘伝の麹菌の製法を小声で話し、商売の密談をしていたに違いない。

伏見奉行所の外周の町割りは独特である。その一部が現在に残されている。その当時、奉行所防衛のために区割りされた路地は実に歩きにくかったろうと思う。通りは突き当たるまでは左右どちらに曲がるのか分からない。遠見遮断の構造となっている。運良くT字路に行き当たっても、左右両側から狙い撃ちされそうな感じがする。

「四ツ辻の四ツ当り」の呼び名の由来がここにある。鳥羽伏見の戦いの最中、伏見奉行所内に会津藩は本陣を置いた。西から大坂町通りを来ても、東から油掛通りを迂回しても、北からの道を辿っても、南からの道を探し出したつもりでいても「突き当たりを曲がらない」といけない。事実、それぞれの突き当たりや筋道の両端で銃撃戦が行なわれた。まさに、あっちこっちの街角での断片的な銃撃戦である。奉行所から離れた場所では、京都の街にならい、東西南北の地割りで、街路は碁盤の目のようになっていた。

伏見奉行所跡

寺田屋

ショッピングアーケードの端を左折して暫く行くと寺田屋に辿り着く。薩摩藩士が定宿としていた旅籠であった。藩は倒幕の雄であったため、大事件の多くはこの地で演出される。他藩の志士たちもこの地を居場所とし、京都の動向をうかがいながら入洛の準備をした。さながら水の流れの如く、多くの侍たちが行きかった要衝の地である。

寺田屋には龍馬の写真が展示されている。男の本能なのか、戦の前にはみんな自分の陰影を残していった。鳥羽伏見の戦に先立ち、出兵する兵士達は京都四条通りの写場（写真屋）に最後の雄姿を写真にとどめようと連日訪れたという。写真代は、現在に換算して三万円也。撮影時間の三十分間、一点を見つめたまま身動き取れない不動姿勢の間、彼らは何を思ったのだろう。

寺田屋では、藩主島津久光の命をおびた使者たちが、説得に応じない倒幕の急進派九名を抹殺した上意討ち事件があった。薩摩藩は詫び料として金子百両を差し出している。

この事件により寺田屋の名は周知され、商売も繁盛するようになる。写真に見る女将のお登勢は、面倒見の良い、商い上手な利発さを感じさせる。お龍に出会うまでは龍馬も甘えていた姉さん役の人である。

寺田屋の傍は淀川を行き交う三十石船の発着点で、常に二、三艘が停泊していた。宿泊中に捕縛されかかった龍馬は川沿い

寺田屋

に材木倉庫まで逃げ、薩摩藩の舟に救助される。川沿いの宿は緊急時には逃げ場を確保しやすいので好まれたらしい。今に残る川幅は狭く広い道路が走っている。川は一部を残して埋め立てられた。細々と流れる川面は、浅い川底から上を見上げていた。

鳥羽伏見の戦により、このあたり一帯は全焼した。寺田屋は再建され、今も現役の旅館として活躍し観光客で賑わっている。

羊羹の駿河屋

京阪電鉄、伏見桃山駅の近くに羊羹の駿河屋がある。室町時代にさかのぼる店で、寺社茶会用に菓子を作っていた。竹の皮に包んだ羊羹風の蒸し菓子ながら、千利休の指導により考案されたものとはすごい話である。秀吉が聚楽第において大茶会を催した折に、諸大名への引き出物に使われた品だそうだ。

魚三楼は駿河屋の向かいにある創業二百五十年の老舗。鳥羽伏見戦の時、この付近は激戦地の一つとなり、方々が焼けた。外の格子に弾痕が生々しく残る。この店は、古くから御香宮神社へ出入りしている仕出し屋であった。御香宮の官軍陣地への炊き出しである。薩摩軍兵士の防火協力もあったのかもしれない。腹が減っては戦ができない。この店は特別に焼け残った。

明治政府高官となった西郷の一番の楽しみは昼食だった。お昼のドーンという合図が聞こえたら、その大きな体を楽しげにゆすって食堂へといそいそと急いだという。

駅より斜め左手に行くと公営団地に出くわす。団地一帯が伏見奉行所の跡になる。巨大な敷地である。その敷地は、公園を越え、ずっと先にある中学校にも広がっていた。一角に「伏見奉行所跡」の碑があり、当時の石垣の一部が残されている。団地正面の塀の壁面には、奉行所の茶色の板塀がデザインされているので一目で分かる。奉行前町、西奉行町、東奉行町などの地名が現在も使われていた。

御香宮神社

近鉄桃山御陵前駅を降りて東を見ると、赤い大鳥居が見える、御香宮神社である。社中に入り、伏見城外郭の石垣に沿って歩くと、御香宮神社の神門が出迎えてくれる。

移築した伏見城大手門である。極彩色の模様が絵付けされ、壮麗な伏見城の雰囲気を感じさせてくれる。朱色を基調に艶やかな色が鮮明で、見上げると心が晴れやかになる。平成の修復によって約三百九十年ぶりに息を吹き返した。

本殿の近くには水汲み場がある。清水がこんこんと湧き出し、ペットボトルを手にした人が行列していた。この桃山丘陵から地下を流れる水脈は、酒造りに欠かせない。水質は昔と変わらず、酒造りに適した中硬度の水。マイルドできめ細かくソフトな風味、まさしく、伏見酒を作り出すための神の御水である。昭和六十年一月、環境庁より京の名水の代表として「名水百選」に認定された。その清水を一口飲んでみたが、口当たりがまろやかでサッパリした味である。

主要な建造物が徳川家と深い関係を持っていることは、棟瓦の上に三つ葉葵の定紋が配列されていることからも窺い知れる。孫の千姫は伏見で誕生した。御香宮を産土神としたため、安産祈願のお札が目に付く。御香宮神社は伏見の守り神的な神社で、古来より何か事が起こると伏見の住人はここに参集して談議しているとのこと。地元では「ごこうぐうさん」と呼ばれている。

本殿左横の社務所の奥に、小堀遠州の手による庭園がある。遠州は、伏見奉行所に二十五年在職した。千利休の弟子でもあり、秀吉を始め徳川家にも仕え、奉行所内で幾たびの茶会を催し、江戸初期の大名茶人、最高の文化人であった。

作事奉行も担当していたため、名古屋城・大坂城・二条城御殿・伏見城の行事作法を受け持ち、また建築造園家として庭園の造営なども行なっている。奉行所の役宅には文化的な施設が多く設けられていたという。

造園を特技とする遠州であるから、赴任後、早速に奉行所内に、伏見城の庭石や樹木をもって新しい庭園を作り上げたものと思う。維新以後、奉行所跡には新兵隊が置かれ、その後に工兵隊が配属されるに及んで、この庭園も壊されてしまった。戦後、敷地内にはアメリカ軍の兵舎が建設された。その後の国道拡幅工事に伴い、庭を取り潰し庭石が御香宮に寄附された。遠州ゆかりの庭園といわれる。こぢんまりとしてはいるが、構成が緻密で個性美に溢れる庭だ。目が行くのは、その中央にある戊辰の役の火災跡が残るという手水鉢、黒々とした箇所が目に付く、またそれが微妙な色合いと化した風景となる。文明九年（一四七七）の銘があり、在銘のものとしては非常に珍しい。その品は、貴人が身を浸した薬湯、湯船であったという。物言わぬ岩の歴史が随所に存在している。

藤棚の後ろに椿がある。遠州が御香宮に参詣の折、この椿の花盛りを見て感激し、「おそらくこれほど見事な椿は、ほかにあるまい」と感想を漏らした。「おそらく椿」の銘を賜った椿、桜色のその可憐な色合いは目に染み渡り、心に和やかさを呼びおこすという。

境内を一巡して再び、神門の前に立つ。右奥の樹木の中に天明伏見義民の碑が建っている。天明年間一七八一年、伏見奉行に任ぜられた小堀政方の暴政に、直訴に及んだ事件である。事は成功したが、そのほとんどは牢内で病死した。小堀政方は大久保加賀守へお預けの身となり、お家は断絶した。明治二十年、その百年祭を記念してここに顕彰碑が建てられた。額文は三条実美が、本文は勝海舟がみずから筆を取って書いている。

薩摩軍は御香宮神社の境内に砲台を築き、ここから南へ百四十メートル離れた旧幕府陣営の伏見奉行所に大砲を撃ち込んだ。桃山善光寺（龍雲寺）にも、薩摩軍の陣営が置かれ、伏見奉行所を砲撃した。

御香宮から伏見城にかけては閑静な住宅地である。ＪＲ奈良線桃山駅下車、踏切をわたり石段を登ると龍雲寺の門が見えてくる。お寺は小さな構えで、ここに薩摩藩大山弥助（巌）の指揮する薩摩大砲隊が陣取り、旧幕府軍の徳川家の歩兵伝習隊・会津藩兵や新選組に対して熾烈な砲撃を加えたという。

アーネスト・サトウが会津の傷病兵と会話した記録が残っている。

「もし、適当な援護があったら、敵を破ったであろうが、津藩は最も大切な防御地点の山崎で寝返りをうった。慶喜方の総指揮官の竹中も淀で敵に投じた。洋式訓練歩兵は、何の役にも立たず、一人が逃げ出すと他の者もみな後を追う始末だった。薩摩軍はわずか千人ぐらいだったが、前哨戦がすこぶる巧妙で、それに後装銃を持っていた」

なんということか。

龍雲寺から一陣の風が眼下に吹き抜け、汗を乾かして心地いい。鳥羽伏見はひと通り見て歩いた。私は心の中で彼らのことを思い、一人つぶやきながら坂を下っていった。

（戊辰戦争研究会会員）

付録

①会津藩大砲隊戊辰戦記

②鳥羽へ御使並大坂引揚の一件

会津藩大砲隊戊辰戦記

この本は鳥羽伏見の戦いにおける会津藩大砲隊の奮戦記録である。大正十三年五月十八日、故会津藩家老萱野権兵衛追弔会の際、大砲隊員の一人藤沢正敬氏が記述し、遺族に贈られたものである。

前書き

文久二年、藩主松平肥後守容保公、京都守護職の大任を奉ぜらるるやすなわち父は供番の職をもって扈従せり。当時、予は弱冠の身をもってすなわち父に従いて、京師にあり。慶応四戊辰の戦乱に際し、白井大砲隊に入り、伏見鳥羽の役に従事し、後、会津に帰国し、国境に転戦し、明治元年九月二十三日、藩主の開城休戦後、越後高田藩に幽閉せらるる事、二年、藩主の南部に転邦せらるるや、移住開墾に従事し、明治五年、朝命により出京、警察に職を奉じ、後、司獄官たる事、三十年、今にして往事を追懐すれば、茫手として夢の如く、まったく隔世の感あり。

常に当時の戦況を記し、一は子孫に伝え、一は忠死諸霊の遺族に贈与せんとは念頭にありしも公務に鞅掌する身は、その暇を得ざりしか、今や職を辞し、閑散の身となりしを機とし、試に筆を執れば、事半は記憶を逸したるも、わずかに、朦朧たる記憶と旧友の書き置きたる断篇とにより草を起せしものなれば、死傷者の氏名、戦地、月日などには遺漏、誤記も少なからざるべし。

慶応四年一月伏見開戦より九月二十三日の休戦に至るの間、戦友として砲烟弾雨の下、馳駆せる人は前後二百余名に及びしか、当時偶万死に一生を得たる者も四十余年の間には多くは他界の人となり、今や生存する者、わずかに五指を屈するに過ぎず。あに多少の感慨なからんや。

大正三年三月

藤澤正啓記

旧名忠八郎

これはきわめて謙虚な挨拶文だった。藤澤の人柄が偲ばれる素朴な文章である。藤澤がいうように、時間が経過すれば記憶違い、誤字脱字もふえてくるものである。それをはっきり冒頭に示したのは、立派なことだった。細部には問題もあるかも知れないが、全体の流れはよく構成されており、第一級の史料といえた。この奮戦記録は、二十年ほど前、会津図書館で許可を受けコピーしたものである。紙面の関係もあって、今回は鳥羽伏見の戦争のみを収録した。原文はカタカナだが、読みやすさを考慮してひらがなに改めた。

林、白井両砲兵隊伏見鳥羽開戦以来の戦争日記

林隊

隊長　大砲奉行林権助

組頭　中澤常左衛門、佐藤織之進、小原宇右衛門

甲士

松田昌次郎、小出新助、高橋金兵衛、林治助、横山源蔵、柴宮八三郎、矢島七之助、柴外三郎、木野源五郎、一瀬一郎、黒河内権之助、山室清見、永瀬雄助、寺澤兵庫、春日野守、木村大作、大沼小四郎（後親光）、巨海源八郎、大澤三郎、牧原源蔵、水野万吾、中村鎌二、中村鎮之助、多賀谷勝次郎、大場武次郎、大場秀四郎、赤埴酉四郎、島田士津会、栃木只三郎、伊藤登、木本左門、加藤次郎、御子柴市松、高橋勇次郎、矢ヶ崎五郎太、在竹清蔵、原直登、三宅彌助、上田恒治、水野兵庫、鋤柄主殿、遠山藤之進、笹沼金吾、長谷川源三郎、安積運三郎、山田實、簗瀬武四郎、筒井恒三郎、新藤熊之助、新美民彌、黒河内伊波、矢島恒三郎、澁谷寅彦、田中五三郎、小泉久吉、武藤忠吾、山室清三郎、神山盛蔵、小出源吉、和田清治、南摩数、佐藤慎次郎、齊藤與八郎、遠山忠治、山本計助、樋口清助、渡部重治、稲垣五平、高山傳吾、芦名武八、原三八

寄合組

増子庄吾、氏家代助、辻一作、納富勝之助、南葉誓三郎、橋爪豊記、中田傳蔵、高山勇彌、

風間久蔵、三澤治八、笠間力、江川卯三郎、渥味忠三郎（後直茂）、小林繁之助（後穴澤與十郎）、深田豊次郎、大塚謙吾、大塚多喜衛、大塚録四郎、鈴木彦作、山口左次郎、富田仙吾、安惠誠蔵、細谷榮治、石川三郎、小林又太郎、市野二郎、赤城岩太郎

銃手小頭

高橋辨治

銃手

飯田庄太郎、福澤才一、柳下太郎、村田伊之助、光岡一馬、山口新三郎、鈴木且彌、金成源四郎、佐藤昌欠郎、安味貞次郎、加賀友之進、佐藤平吉、高橋辰之助、吉田鍬吉、金成一、飯岡清蔵、武田惣三郎、磯部八次郎、塚原峯八、石井久之助、結城熊次郎、大野半七、松島吉之助、鈴木岩三郎、小池一馬、澁井小太郎

御目付　栃木勘之丞、御徒目付　井上杢八、医師　山内玄昌

慶応三丁卯年十二月九日巳の刻、俄に形勢相変じ薩州、土州、芸州、佐土原等の各藩の人数戎装にて禁闕の九門を固めし由、報知ありたる旨、隊中へ布告あり、尤もこの日は、我林隊は御上屋敷（守護職役屋敷）御警衛に当り甲士二人（矢島恒三郎、高橋勇次郎）、寄合組二人（増子庄吾、納富勝之助）相詰居りし処、宰相様には疾くに二條城へ御登城の由に付、近臣追々駈付け、我が隊も御上屋敷御警衛は丸山鎮之丞隊へ相渡し、二條城御警衛致すべきの命あり、時は正に未の刻を過ぎたる頃、御上屋敷表門より大砲三門（山砲四

斤）を引き、二條城に至て、警戒の位地にあり警衛す。
この夜は天寒して霜降る。
十日同所宿陣、夜四ツ時頃、長州人三條大橋迄襲来致す由に付、隊長の命により直ちに斥候として（伊藤登、永瀬勇助、納富勝之助、小林繁之助）行き見るに虚説なり。

よって帰途に就くに東洞院二條上ル処にて、敵の巡邏兵の覆面せし者四人に行逢いしに、突然一人の者抜刀せしにより、こちらに於ても一同抜剣せしに、先方の三名は刀も抜かずして逃げ去り、続て抜刀せし一人も逃げ去りたれば、長追せず帰陣復命す。

相手は土州藩士と察せらる。

十一日幕府より寒気の候の対陣、労苦思召し、酒と牛肉とを賜う。夜栃木只三郎、澁谷寅彦、在竹清蔵、三澤治八、山口左次郎銃手二人巡邏として所々を廻り、新町通に行きしに、戎装せし二人に行逢う。突然、ピストルを差向け発射す、幸いに一人の負傷せしものなし、彼発射す

二條城の警備に当たる

るや逸走せり。追跡せしも遂に得ず、帰て隊長に報告す。

十二日未の刻、御城外堀端の野営を引払い、城内に入る。申刻頃に至り、殿中騒々しきその何故なる知らず。

暫時にして大樹公御下坂、我が林隊は京に止りて城内を守るべき命あり、よって別撰隊（会津藩の壮年隊にして武芸に長ぜしものをもって組織す）と申合せ、御玄関に至れば、御先立御目付某御玄関迄出るを押止め、何故の御下阪にこれあるや、如斯形勢に相至り候て、名分も之なく御立退きと申にては、諸人事実を弁ざるより動揺し、事によりては大変事にも相至り申すべくも難計、よって御下阪の義は必至御見合然るべく、強て御立退きに於ては、恐れながら御袖を扣え奉る外これなき義と申立しかば御目付某御尤のことなれば、その段、言上に及ぶべしと奥に入る。

よって御玄関裏御門々々へ相詰居りし処、程なく大樹公より佐川官兵衛、林権助の両人を召され、其方共組方実忠誠、心の上より申出し段、至極尤の義、其方共役柄も勤居ること故、一々所存の程、申聞け置くべし、組中は品能く申聞け置くべきとの上意ありて、余儀なき次第に付、一同屯所へ引取たれば、間もなく酉の刻頃、大樹公、我が公、桑名公御同列、御下阪あり。

丸山隊、白井隊、別撰組は御供せり、我隊は京師に残るべきの命あり、亥の刻過ぎ同所引払い新町通守護職御役屋敷に引取り、十五日迄、近辺の市中を間断なく巡邏す。

十六日我隊も下阪すべき命あり。よって早朝、大砲三門を引き、京師を発す。途中道路悪しく、大砲を引くこと能わず。淀の城下より舟にて下し、この夜々を徹して大阪に着す。

小出新助、澁谷寅彦、筒井常三郎の三人居残り、器械を大阪に運送の役を勤め、十二月二十六日に下阪す。

十七日払暁、大阪に着、直ちに城内に入り、屈済の上、東寺町に宿陣、後隔日城南陸軍所に至り繰練を為す。

慶応四年戊辰正月元日、白井隊と代り御先手となり市中を巡邏す。途中、御用役人某来り、我が組頭と密談の結果、巡邏を引上げ、寺町宿陣に戻る、この日大樹公御上洛の旨布告あり、我が藩の人数は京師先詰となり我が林隊は先鋒として出発、京地黒谷着陣すべきの命あり。

当時、黒谷は我が藩の宿陣たりし寺院なり。

二日卯の上刻、大阪八軒家より一番船に乗し同夜酉の刻頃淀城下に着船、同市寺中に宿陣し、大砲車弾薬車の組立を為す。

三日卯の上刻、淀を発す。砲三門を引き、行軍にて進行、伏見に至り町奉行屋敷前に休息す。時己の刻、間もなく午飯す。同所に関門あり、薩土の兵、守衛す、幕府御目付並に我隊の松田昌次郎、先ず関門に至るに、軍装にては通行を許すべからざるの勅命なりと答え、既に暴行にも及ぶべき形勢に付、余儀なく引返し来り、隊長へ報告す。

幕府の手より一応大阪に如何すべきや伺うべき由に付、暫時休息する内、何となく騒々しく、申の刻に至り、大阪より幕府の騎兵、駈せ来り、強て支ゆるに於ては打破りても、

鳥羽関門応接

通行苦しからざる由、一統へ布告す。

我が隊先鋒の命を受けしにより、奉行屋敷北柵門を持場とす。輜重雑具は奉行屋敷に送り、大砲三門を正面に備え、指揮を待つの時、幕兵の隊長、某来り、この所は拙者持場なり、貴隊の持口はこれより東の柵門にあり御向いあるべし。尤もこの所は敵の本陣と相対し、甚だ難所なりと云いしかば、我隊長答て曰く、武門の習い難所と承る上は、拙者に御任せに相成るべしと掛合われければ、幕の隊長は我が隊長の意に任せて去る。

よって厳重に備を立て、大小砲に弾丸を込るや否や、鳥羽街道の方面に当り大砲の音続て発す。この時我が隊長は柵門に手を掛け、押し開きながら発砲の令を下だす。

その瞬間、敵より大砲を我に向て発射す。我が隊もこれに応じ、大小砲を発して応戦す。彼我の距離わずかに数間に接することあり。

隊長奮て槍を入るべきの号令を下だす。その声天地に響く。一同突進、既に接戦の場合に及ばんとする場合、敵は多く散兵となり、各店舗に潜み狙撃し、弾丸雨の如く、組頭中澤常左衛門丸に中て斃れ、その他の死傷少なからず、為に我隊も踏躙、遂に元位地に復し、砲戦を為す。その時、隊長巨海源八郎、牧原源蔵の両人に命じ、陣将に応援を求めしむ。

陣将の位地不明、止むなく生駒隊に会して応援を乞うに、陣将の命あるに非ざれば、出兵し難きの答あり。苦戦の状況を述て再三に及ぶも遂に承諾を得ず止むなく引き返して、その旨を隊長に報告す。隊長憤怒に堪え兼ぬるの語気にて、我が隊を見殺に致すも同様なり、この上は一歩も退却せず、一同潔く死を決して戦い、隊名を汚さず、名を後世に残せ、とこの号令に励まされ、劇戦中、再度槍を入るべきの号令あり。

兵鋒鋭く突き入るに隊長弾丸に中り、然も三弾丸命中するも、剛気の隊長は猶座して号令す。味方数度の進撃に手負死人を出すこと多く、戦に耐ゆるもの極て少なく、隊長の負傷より如何共すべからざる苦戦に陥り、万一隊長を敵に取らるる恥辱あるを憂い、新美民彌、柴外三郎外三人をして一と先ず奉行屋敷に引取る。

隊長、励声して曰く。戦士一人も惜むべし、自分を打捨て奮戦すべしと。この時、廣川元三郎駈け来て、隊長を敵の手に渡すが如きありては相成らざれば、人を付して後送すべしと、よって矢島七之助、水野万吾、柴外三郎、大塚謙吾を付し、舟にて大阪に送り、他の生存の隊員は元位地に進て戦う。

戦闘開始

偶、敵の放つ砲火の為に、周囲に火災起り、煙焔天に漲る。

敵は勢に乗じ来りて、味方の苦戦甚し。この際、石州浜田藩の兵（大凡そ二十名位と覚ゆ）、応援として来るにより勢を得て、奮戦中、諸口の砲声も音なきに至る内、敵は桃山の麓の御香の宮より再び劇しく発砲し、遂に大苦戦に及びしも、佐藤、小原の両組頭は、ここを死所とし一歩も退却すべからずと励声、号令せらるに勢を得て戦う内、残念にも両組頭も負傷せり。

然れども猶屈せず、槍を取て杖とし、頻りに号令す。左側に連絡を取りありし幕府の七聯隊も荒憎手負討死の為に、退却し已に包囲せられんとするに至り、且つ廣川元三郎来て陣将の命なり、引揚ぐべしとの令なりしも、猶止て戦う内、再び廣川の伝令により砲車の破損せし二門を残し、一門を引き橋を渡り、川向に退却して、手負は船に乗せしめ看護を付し、大阪に下し、他は淀の城下に来て宿陣す。

この日の戦い、申の下刻より子の刻過ぎに至る。

退却の際、砲を引きたるもの新美民彌、増子庄吾、鈴木彦作、細谷榮治、筒井常三郎、三澤治八、小林又太郎

この日戦死

組頭　中澤常左衛門

隊士　高橋金兵衛、横山源蔵、柴宮八三郎、大澤三郎、在竹清蔵、安積運次郎、栃木只三郎、伊藤登、山本計助、小出源吉、辻一作、永瀬雄助、高橋辨治、中田傳蔵、市野次郎、納富勝之助、光岡一馬、吉田鍬吉

手負

隊長　林權助（下阪後死亡）

組頭　佐藤織之進、小原宇右衛門

隊士　寺澤兵庫（下阪後死亡）、木本左門（下阪後死亡）、田中五三郎（下阪後死亡）大村大作、大沼小四郎、遠山藤之進、春日野守、加藤次郎、高橋勇次郎、多賀谷勝次郎、山田實、笹沼金吾、齊藤與八郎、三宅彌助、山室清見、高山傳吾、風間久蔵、深田豊次郎、高橋辰之助、安味定次郎

御目付　栃木勘之丞

四日暁天、鳥羽方面砲声響く、鳥羽方面は昨夜より引続き、対戦中なり、淀町に休息中、幕府より酒を賜う。一同、団欒、昨夜の苦戦を談じ居る内、午後に至り、鳥羽劇戦の聞えあり、直ちに応援として駈け付くれば、敵は已に大敗、死傷を捨て、敗走する場合なれば、我隊も共に追撃し、鳥羽村端の人家に火を放ち、猶数丁を追い撃つ。日も早や黄昏に及びたるをもって追撃を禁じ、白井隊一同、上田八郎右衛門隊二番兵を譲り、淀に引上げ休憩す。

この日戦死　富田仙吾

五日黎明より伏見鳥羽の両道、一時に開戦の砲声聞ゆ。

小原組頭隊員を点検し、進て伏見口に向う。

敵、間近く進来し、淀町を去る数丁に開戦するも、敵は地の利にくわしく、川を徒渉迂回し、又は船を淀川に出し側面より射撃するなど味方の不利多く、頗る苦戦の央、組頭小原宇右衛門、銃丸を受くること二個、豪雄の小原組頭も昨夜、伏見奉行屋敷の戦いに負傷し、槍に縋りて指揮する。身が重て二弾を蒙り、隊を進退する能わず。

戦況次第に淀町に圧迫せらるに至り、遺憾にも退却するの止むなきに及びて、八幡村に退陣、午飯す。この日の戦も頗る苦戦にして、槍をもって突貫すること三回に及ぶも遂に、退却するの止むなきに至る。

この日戦死

隊士　矢ケ崎五郎太、水野兵庫、小泉久吾、林治助、中村鎌二、御子柴市松、長谷川源三郎

手負

組頭　小原宇右衛門

隊士　赤埴酉四郎、小出新助、遠山忠治、渥味忠三郎、安恵誠三、石川三郎

八ツ半頃、陣将より林、白井の両大砲隊の義は数日の戦争にて疲弊致したるにより一と先、大阪迄引上べきの命ありて、八幡関門に至るに、同所は酒井雅楽頭の人数大砲を備え、武備を厳重にす。川向山崎関門には藤堂和泉守手にて警備す。幕府の大砲方は一同、白鉢巻にて来るに会す。

今や我が藩の両大砲隊引揚ぐるに於ては失望すべし、故に我らも止て、この関門に防戦すべし。十四名の者は葛葉村に宿す、兵粮方杉田秀之助周旋甚だ勉む。

この日迄、身に負傷なく従軍する者、百三十一人の、全隊中わずかに二十六名、その氏名。

松田昌次郎、巨海源八郎、中村鎮之助、牧原源蔵、新美民彌、渡部重治、武藤忠吾、澁谷寅彦、島田士津會、木野源五郎、黒河内権之助、上田恒治、山室佐武平、大場秀四郎、高山傳吾、和田清治、新藤熊之助、増子庄吾、高山勇彌、小林繁之助、南葉誓三郎、大塚録四郎、江川卯三郎、細谷榮治

御目付　井上杢八、医師　山内玄昌

六日早天、斥候として、松田昌次郎淀に至り、敵陣を偵察するに、敵も数日の戦争に疲労せし体に見えしにより、その機を失せず襲撃すべしと評議、中山崎関門の藤堂藩、敵に内通し、八幡関門の酒井の陣に発砲せしにより、幕兵も大砲をもって応戦し、午の刻頃迄、対戦するも淀河を隔ての砲戦故、勝負の決なきにより我が隊は川向へ渡らんと堤に添て、牧方方面に下だりしに、山川大蔵大砲隊長に命ぜられ、出張により、その指図により、守口に宿陣す。

七日守口を発し、大阪に帰陣し、甲士は城内に入り、寄合組は本願寺に入り夕景に至り、城中に合し、夜に入りて、白井隊と合併して一隊となり、共に山川氏に属す。

白井隊

隊長　大砲奉行白井五郎太夫

組頭　神山勘太輔、松澤水右衛門、小池勝吉

甲士
草苅行衛、田原映馬、町田守江、山本新八、赤羽恒次郎、杉本彌三郎、三浦重郎、岸直次郎、岸武三郎、清水八郎、小櫃竹三郎、簗瀬波江、江上四郎、両角千代治、柴謙介、和田新五郎、下條友次郎、柳田留次郎、片岡俊吉、萱野勢治、諏訪幸三、藤澤辰三郎、飯笹又四郎、松本常葉、橋爪又六、杉浦佐伯、戸枝榮治郎、鈴木季蔵、新藤文冶、池上岩次郎、古田次郎、大熊俊六郎、安部井留四郎、笹沼眞造、立石啓治、猪狩恒五郎、日向勝治、和田仙六、原八五郎、伊藤覺次郎、坂部虎三郎、猪狩志津馬、神田小四郎、田原恒八、橋爪又次郎、木村熊雄、有賀俊衛、遠藤辰五郎、神田小一郎、奥田鑛太郎、高橋啓四郎、大場守蔵、西岡直太郎、岡田豊治、杉本彌五郎、今泉勇蔵、大竹梶之助、倉澤豊次郎、石山綱衛、鈴木久登、西村捨三郎、藤澤忠八郎（後正啓）、下條友三郎、澤井勝美、杉浦八太郎、大岩元四郎、加藤蔵三郎、村岡瀧三郎、服部五郎、武田俊馬、簗瀬鐵馬、望月京次郎、水野雄八
寄合組
岩倉良介、齊藤萬助、武田庫郎、山田甚八、赤羽忠之助、高橋安之助、佐藤政次郎、楡井義太郎、上原嘉次郎、高橋兵治、手代木善助、田崎繁、高田卯留、板橋吉太郎、林信三郎、小林謹吾、渡部次郎、渡部竹治、枝村千代助、市川佐與助、小川太郎、鯨岡勝之進、大東求馬、角小眞喜、佐瀬源吾、楡井次郎、井深八郎
銃手小頭

相川市太郎

銃手

柳下尚記、大場久助、篠崎左一、松崎義衛、森初之助、川名佐久治、大草左兵治、大草佐助、佐藤理助、結城寅之助、遠藤鐵之助、富田友蔵、大場市蔵、柳下武蔵、柴宮勇記、渡部庄九郎、土屋庄助、荒川一郎、小林森之助、森勇吾、森川主水、松崎市太郎、伊關善太郎

御目付　遠山寅次郎

御徒目付　新藤平助、医師　赤城原理

慶応三丁卯年十二月九日兼て鹿児島藩の一部の宿営する処の我が鞍馬口邸に隣接する上御霊の営所に於て、早朝より不穏の模様あり。隊長、人を派して動静を視察せしむるに戎装進軍の状況なりとの報に接し、直ちに隊士の外出を禁じ、邸内の馬場に集合せしむ。砲を備え隊士を三分隊に部署し、警戒中、柳田小八郎来て、我が公には疾くに二條城に御登城あり。

白井隊も直ちに二條城に集合すべき命を伝う。

隊長答えて曰く、故なく躊躇するに非ず、若し開戦の場合に至り、二條城に集合して敵を一方に引受くるよりは、敵を各所に散じて戦うに味方の利あらんと、信ぜしにより本隊は一面上御霊の薩州邸を襲い、一方は寺町通を行進せんとの意なりしも軍監の命、果して

二條城に集合すべき事なれば、直ちに出発すべしと、甲士萱野勢治に銃手数名を率いしめ斥候とし、本隊は四斤砲二門、山砲一門を引き、道を堀川に取りて二條城に着し、城外堀端に野営す。

この夜寒冽、殊に甚し、霜は戎衣に降て、雪の如し。

この日、我隊は唐御門御警衛の任に当り、左の人員勤務しあり。

組頭　小池勝吉

甲士

赤羽恒次郎、杉本彌三郎、猪狩恒五郎、和田新五郎、猪狩志津馬、藤澤忠八郎（後正啓）、

西岡直太郎、簗瀬鐵馬、木村熊雄

寄合組

岩倉良助、楡井義太郎（後秀昌）、渡部竹治、高田卯留、小川太郎、板橋吉太郎

銃手

佐藤理助、伊關善太郎

唐御門に於て右の面々常の如く朝五ッ時前、番と交代し二人ずつ見張所に在て勤務せしに薩藩大久保市蔵（後利通）来て唐御門内に入る（服装常の如し）暫時にして出て来り唐御門石段にあり待つものの如し間もなく同藩大島三蔵（後西郷隆盛）戎装し来て大久保と

談話しある間に、同藩士二名戎装来り大久保大島と対談し、乾御門を去る（乾御門は当時薩藩の守護所なり）間もなく唐御門を閉鎖し公卿と雖も幕府又は我会津藩に親善なる者の参内を禁じたり。ここに於て始て朝議の変を知る。

よって小池組頭は甲士猪狩恒五郎に命じ、我が藩守護所たる蛤御門の生駒隊に事変の起りたる事を告げしむ。この時、乾御門の方より薩州兵一中隊程洋装銃器を肩にし士官の号令により唐御門前に来り、直ちに引返して御台所御門より御所内に入る間もなく芸州藩の兵、一中隊士官の指揮により戒装銃器を肩にし唐御門前に来り、御築地の塀を脊にして我が唐御門の番所に対して整列す（唐御門の番所は唐御門外道路の左側なる公卿日野家の塀に接し建設したるわずか十二坪計の仮厩舎なり）。この時、組頭小池勝吉番所より出て薩藩の大久保に向て、何故ありて戎装九門内に入り来りしやを詰問す。

大久保の答に、本日修理太夫参内するにより奏問の上警衛として兵士を入門せりと芸州藩の士官に問うに薩州藩より禁闕を守衛すべき通達により如斯出兵せし、而已その故を知らずと（当時六門は勿論九門の一般に通行許可せられたる公道と雖も洋装は論なくわずかに和服の衣類を筒袖にせしものを着用するも猶通行を禁ぜし如き状況なりし）。時に小池勝吉、年齢わずかに二十二歳なるに、両藩の重任者に応接する言語動作の泰然として明晰なるには皆感賞せり、ここに於て我が番所に於ても兼て警戒の爲に用意として持参し居る戎装に改め、小銃に装弾の支度中、藩邸より伝令として佐川官兵衛（後十年西南の役警視庁警部として豊後口に戦死せり）来り、慰諭して曰く我が公の精忠もその甲斐なく薩州その他二三藩の為に御所内の形勢一変せられ今や如何共爲すべからず。

今や諸氏の爲に応援の兵を派遣せば、忽ち禁門に於て開戦するに至り彼の爲に朝敵なりとの汚名を蒙るに至るは必然なり。諸氏の爲には気の毒至極なれども潔くここに死して君恩に報ゆべし。決して彼等の行爲に対し抵抗の挙動を為すべからず。

然れども万一穏に番所引渡すべしとの命、御所より来らば引渡し帰邸するは苦しからずと。この命令により士道として遺憾限りなきも止むなく戎装を解き常服に改む。

偶、同隊士柴謙介、池上岩次郎の両氏は町下宿にあり変を聞き来て同所に在り一同と動静を共にす。八ツ時、薩摩藩主島津修理太夫参内す。随従の臣戎装せず麻上下を着用し、その人員七八十名、間もなく諸太夫体の者来り、会津藩の唐御門蛤御門守衛を免せらるるにより土州藩に引渡すべしと間もなく受取人員の来るべきを待つに、夜に入るも来らず。

夜五ツ時頃に、杉本彌二郎、猪狩恒五郎下立売より一條通辺を偵察するに、薩人五六名ずつ市中の家屋に潜居し、施楽院前には大砲二門を備て数十名の薩藩士ありと、必竟、これらの警戒は大樹公や我藩公の参内を兵力に拒まんとするにあり又、新町にて戎装の巡邏兵に遇う。

四ツ時頃に至り、再び赤羽恒二郎、猪狩志津馬窃に六門（禁闕の内門）の周囲を巡邏し薩人に怪まれ危急を免れ帰る。兼て蛤御門に貸与しありし大砲返却の照会あり。

柴謙介、受取り来る、偶、新町御役屋敷方面に当り、小銃の音聞ゆ為に蛤御門動揺せりと、これより先我が藩の公用人手代木直右衛門（後勝任）、田中左内の両人より土州藩寺田典膳に唐御門蛤御門の両番所引渡しの談判を為し寺田は蛤御門に待合する約あり故に、唐御門に於ては番所の掃除等見苦しからざる様取片付を為し、寺田の来るを待ち兼て番所には使夫として、七八名の役夫を置きしも早朝よりの時変に、皆逃走せり為に兵士自から掃除の労を取る。今朝より、九門内の混雑甚しく、夜に入り一層雑沓を極め、往々番所前に来り冷笑の挙動をもって見るものあり。

夜明け近き頃に至り寺田典膳兵半小隊程を引率し来て、番所引渡す。寺田の応接甚だ慇懃なり。よって我等は大砲を引き、小銃と槍とを荷い、徐々蛤御門に至れば已に同所は土州藩に引渡済に付、開門を求め新町御役屋敷に至りたる時は已に夜明けたり。直ちに二條城に至り本隊に事情を報告して合隊す。

十日午時歩兵営所並に天幕等を貸し渡され、わずかに寒気を凌ぐ事を得たり。この夜鞍馬口屋敷の空虚なるに乗じ、薩人大砲を引き来て、邸中を窺う邸中に留主せし某燭を室毎に点せしかば、遂に何事を為さず去ると。

十一日この日、幕府より慰労として牛肉を賜う。夜薩人襲来の説ありて警戒を厳にせり。

十二日午時営所を城内正面内の天幕に転ず。申刻頃に及び城内俄然非常に混雑を極め、人々東西に奔走す間もなく大樹公御下阪我が公も供奉に付、我が隊も共に下阪御警衛すべき命により、砲を引き道を鳥羽街道に取り、淀に至て砲は船にて送り急行、牧方に至り、大樹並に我が公に追従す。

十三日守口にて朝食を為し、六ツ時頃大阪に着し寺町の寺院に宿営す。鞍馬口邸の宿所取片付として、京師に引帰したるもの左の如し。

山本新八、江上四郎、簗瀬波江、鈴木季蔵、杉浦佐伯、武田俊馬、村岡瀧三郎、岩倉良助、山田甚八、楡井義太郎

滞阪中は城南陸軍所に出て練兵を為し、幕府より時々酒と牛とを賜う。

二十九日明日より市内を警邏すべきの命あり。

慶応四年正月元日、神山勘太輔組頭御免、海老名郡治、之に代る。夜に入り明日大樹公御上京に付、御先供として出発すべきの命あり。京都宿営所は大仏なりと。

二日辰の刻、大阪八軒屋に至れば、幕府の兵を始め我が藩の外様隊林砲兵隊の大軍同所に集合して、その軍装の区々なる小袴に陣羽織あり常装に白手襁なるもの洋装なるものにて、幕府の兵は多く洋装を為し、歩兵は和蘭式のものにて大鼓を用い、陸上より進軍するも他は、船に分乗して淀川を遡る。

夜に入りて淀に着船して人家に宿陣す。

三日晴未明山田甚八、赤羽忠之助、高橋兵治斥候として伏見に至る。本隊は四ツ時伏見に着して指揮を待ち、京橋元にて午飯を喫し休憩す。薩州の番所を隔つる数丁、為に休憩所前を偵察らしきもの屢々通行す。

三浦重郎、杉浦佐伯斥候として先進せしに、薩人銃を擬し通行を禁ぜしと帰り来て報告

す。隊長窃に銃に丸せしむ。七ツ時頃総督より竹田街道に向て進軍すべき令あり。同所を引払い、二三丁を進めば某橋際に土州藩の番所あり。通行を禁ず。柴謙介、鈴木季蔵談判に及ぶも勅命をもって拒絶す。止むなく郊外に迂回せんとする際、鳥羽方面に当て二発の砲声を聞きよって開戦を知る。瞬時にして伏見町にも大小砲の響盛に起る。一同奮励、郊外を経て再び街道土州番所の脊後に出でたり、偶、近傍に薩の倉屋敷あるを聞き、土人を按内とし、

組頭　松浦水右衛門、小池勝吉
甲士　草苅行衛、諏訪幸三、橋爪又六、杉浦佐伯、伊藤覺次郎、坂部虎三郎、杉浦八太郎、大岩元四郎、村岡瀧三郎、簗瀬鐵馬

右の面々先鋒となり邸中にぶらんと投弾を投ずるも発火せず隣家に放火す。この時本隊も已に着し、一隊となり表門に向い、大砲を発射すれば門扉、左右に開く。一同突貫して邸中に入るに兵粮方らしき数名のものを打ち取り、邸内に放火す。

邸中の長屋には燭を点し人ある如く装いあり、手代木善助、密書を発見し森勇吾邸内火薬庫脇にて一兵を打留め、九の字ある陣笠を出す。一同、邸前に引上げたる際、川向いに来るものあり。

篠崎左一誰何するに薩摩と答う。直ちに銃殺して、首を隊長に出し大小刀を分取す。そ

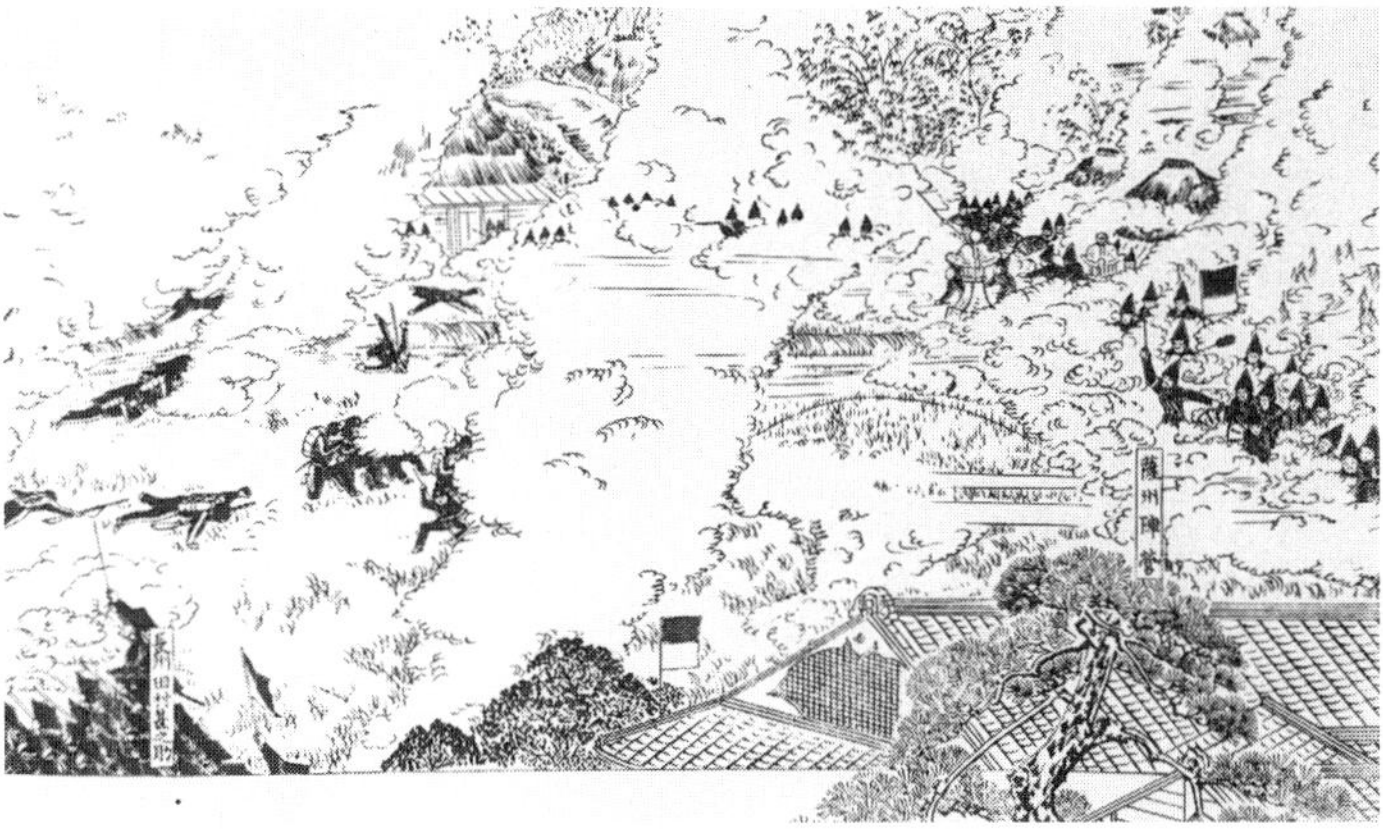

鳥羽関門の戦闘

の挙動の剛勇なる人々歎賞す。已にして竹田街道に出れば敵近傍に潜居するの聞あれば、伏見市を離る三四丁の一軒家に至り、街道の左右又は畑中に撤兵を敷く。

斥候として伏見方面へ杉浦佐伯、江上四郎、竹田街道に杉本彌三郎、岸武三郎、簗瀬波江、草刈行衛出向す。引続き、竹田街道に林信三郎、小林謹吾、鯨岡勝之進、村端迄行き、林、鯨岡を残し小林一人村中に入り、前の杉本等四人に会し、密話中一人不審の者来る。

糺明するに返答せず逸走せり、小銃発射するも暗中、遂に得ず。林信三郎街道に偵察中、何れよりか狙撃せられ前額部に命中、即死す。遺体は傍らの人家に埋む。再び通行するものあり。組頭海老名郡治、誰何するに薩藩と答るや三浦重次郎、側より銃剣にて突き、逃走る処を四方より打斃す。

この時、新撰組小縣三郎来て、伏見街道出張の薩州の手に入り、間諜をなし只今抜け出でし処なるか彼方切迫なりと、よって応援とし引返すに、再び土州藩の番所は通行を許さざるにより、郊外に迂回し高瀬川堤に至れば、幕兵並に我が藩の堀隊に出会す。

然るに伏見本街道の劇戦中なり。奉行屋敷の林砲兵隊隊長始め多数の死傷にて己に引上げたる由にて総督より淀へ引上ぐべきの令あり。市中兵火の為に焼失中を大砲を引き東雲近き頃淀城下に来て休息す。

戦死　林信三郎

四日晴五ツ時頃、斥候として伏見街道へ戸枝榮次郎、原八五郎、鳥羽街道へ倉澤豊次郎、日向勝治、大岩元四郎出づ、然るに四ツ半頃に及び宇治方面に迂回し、敵の本営搦手へ進撃すべき令あり。

直ちに出発数丁にして諏訪常吉馬を走せ来て、鳥羽街道の味方苦戦に付、直ちに引返し応援すべく、且つ他に後援なきの一隊遣り難し、急ぎ引返すべしと、故に引返し、淀に午飯中鳥羽方面大敗即時応援すべき命により、走せて小橋辺に至れば、味方の敗兵、散乱して敗走し来るを左右に開かしめ淀町出端にて迎え戦う。

地理悪しく本隊は、一丁程を隔てて野田寅三郎等先んじて人家の畳を出して胸壁として防ぎ戦う。

街道正面に大砲二門を備て発砲す。我が隊は始ての戦にして、鋭気盛なれば死傷を顧みる暇もなく奮戦すること略一時間、その間隊長は屢々大声に死して君恩に報ずべき時なりと号令し、一同を奨励せり、正に戦酣なる時、後援として別撰隊の者鯨波の声を上げて駈け来る。

甲士伊藤覺次郎、之を見るや奮然銃を捨て大刀を抜き放ち、真向にし堤上に踊り上り別撰隊に先ぜられ、何の面目あらんやと銃丸雨飛の中に飛込みければ、一同、勢を得て突進、敵中に進入せしに、敵は忽ち死傷を捨てて敗走せり。

追撃すること五六丁余、組頭小池勝吉敵の首級を得たり、敵は長州のものなり。已に日も西山に傾きたれば、追留たる位地に仮に畳をもって胸壁を造り、警備は我が上田隊に譲り、夜に入り淀に帰り休息す。この夜幕府御目付遠山金次郎来て今日の勝利抜群に付、追て賞は望に任すべきの上命を伝う。

隊長微功をもって固辞す。

この日討死　武田俊馬

手負　草苅行衛（後死）、藤澤辰三郎（後死）、大熊俊六郎、安部井留四郎（後死）、和田仙六（後死）、坂部虎三郎（後死）、日向勝治、杉本彌三郎

五日卯の半天、鳥羽伏見両道より敵軍一斉に襲来し、砲声頻りに劇し時に鳥羽方面の上田隊危急なりとの事に、未だ朝食を喫するの暇なく、手に食を掴み行く々々食して前夜の

位地に走せ付く、この日は敵の全力をもって逆襲し来り殊に砲弾の飛来甚しく、堤上左右の樹木に破裂し、樹木の裂折甚しく地上に散乱し交通を防げ、殊に堀隊は未だ銃戦の経験なきより前夜築き置きたる畳の胸壁は堤上一敷物と為したるより盾と為すべきものなく、堤上に露出して防戦するの困難あるも、隊長必死の号令と一同決死の覚悟とにて、少しも遅疑せず一歩も退くものなく戦うこと早天より午の刻頃に至る。

不幸にも昨日の戦いに大砲は破損し一門の用ゆるものなき不利なるあり、わずかに幕府の一門の砲をもって勢を助けたるも幕人は遂に大砲をもって退却せんとせしより、組頭松澤水右衛門、甲士杉浦佐伯追止め之を我が隊に奪い用ゆるに至る。この時、白井隊長は怒気満面憤激して曰く、ここを敗られて誰に面を合すべき、ここを死所とし戦うべしと、組頭小池勝吉衆に挺て奮闘するに面々之に励まされ苦戦中、小池組頭弾丸に当て斃る。

続て隊長も丸に当り、重傷を負うも猶口に進め懸れの声を絶たず、隊長組頭の死傷に、一同力落ち、銃を取るの勢力も尽んとするに、加えて杉浦佐伯も重傷を受け、味方は次第に死傷し、銃を取て戦う者次第に減じて、味方より打出す砲銃の音も稀なるに至る。後方を顧みれば敵の砲弾の為に淀城下に火災起り、伏見街道は已に淀町口に追い込まれたるの状況を見るに及びて、士気沮喪敗走せんとする苦戦の場合、大垣藩の兵一小隊程来て応援す、この助けにより暫時の間を得て白井隊長、小池組頭、杉浦甲士等を後送するを得て徐々淀城下大橋に至れば諸手の敗兵引上げ来る船をもって死傷者を大阪に送らんとするも得ず、百方奔走わずかに三艘を得て隊士にて船を棹しわずかに大阪八軒屋に着することを得たりと。この日の戦いの退き口に大垣兵の応援なくば、隊長以下の死傷を後送し能わざる而已ならぬ全隊の引上げは不可能にして全滅するに至りしやも知るべからず。

この日戦死
隊長砲兵奉行　白井五郎太夫
組頭　小池勝吉
隊士　山本新八、赤羽恒次郎、岸武三郎、加藤蔵三郎、高橋兵治
手負
組頭　松澤水右衛門、海老名郡治
隊士　杉浦佐伯、江上又四郎（後死）、清水八郎、大竹梶之助、伊東覺次郎（後死）、高橋啓四郎（後死）、倉澤豊次郎（後死）、古田次郎、大岩元四郎、服部五郎（後死）、村岡瀧三郎（後死）、手代木善助、渡部次郎、相川市太郎、篠崎左一、荒川一郎、川名佐久治、小林森之助、松崎市太郎

本隊は淀より他の諸隊と共に漸次後退して八幡関門に至り休息す、その際陣将より連日の苦戦にて一と先大阪へ引取るべき命あり引て牧方に至て宿す。

六日大阪着この夜白井隊長、小池組頭の遺体を大阪一心寺本堂正面の慶重元和大阪陣の戦死者を葬りありし傍らに他の我が藩の戦死者と共に葬る。この日林隊と我が隊とを合し

て砲兵隊と称し山川大蔵隊長の命を蒙る。

七日八軒屋にて林隊と合隊し城内に入るに大手口に至るに幕軍を始め各藩の将士雑沓散乱して城外に出づるに逢う。

何の故たるを知らず本丸に入るに及て、始て大樹公と共に我が公、桑名公も昨夜、軍艦にて江戸に引上ありしを知り、一同相顧みて、一語を発するものなく失望落胆せざる者なし。

忽ちにして城中我が砲兵隊を除くの外、人影なきに至る。ここに於て山川隊長は隊員を本丸将軍御座の間に会して方針を衆議に諮う。

隊員の意見、区々天下の名城を空敷捨て去る武門の恥辱、而已ならず後世何とか評せん、我が隊わずかに百名に過ぎずと雖も守城数日に及ば、近国の諸藩の応援あるも知るべからず、然らざるも刀折れ弾丸糧食も尽くるに至て城を枕に斃れ、我が藩の武名を後世に残すも愉快ならずやと、之を難ずるものは我が公未だ御健在にして東帰せられたるは、前途に深謀ありて捲土重来の御胸算あるも知るべからず、況んや君の前途を見届くるは、臣下の道なり、恥を忍び東帰再び大樹公の先鋒となり、伏見戦敗の汚辱を雪ぐに如かじと議論百出、容易に決せざりしも多数は後説にあるをもって、隊長もその議に同意引上げに決せり。その間敵京橋口に襲来せし説あり議を中止して、防備を為す等隊長の苦心も名状すべからざるものあり、偶、細川藩士と称する六十来て城中の混雑退散するを見て慨歎して去る。

山川隊長一同に諭して我が隊も引上げに決するも、城内厂木坂病院には猶多数の負傷兵を残して他は退散せりと、これ情に於て忍ぶべからざる而已ならず武道の恥辱なれば、如何にもして救護したし天保山冲には猶味方の軍艦ありと、諸氏奮励負傷者を介抱して城外に運送せよと時に城内には味方の残り止まる極めて稀にして他に助を乞うものなければ、隊員各銃を肩にしたる上に戸板に負傷者を臥さしめたるを掲げ、八軒屋に送り出す。

その際、城外歩兵営所より発火し、折節の西風、はげしく火の子城内に散し大手門内の松の大木に火移り危険言う計なし、負傷者の運送も夜明くる頃に終りたれば一同整列して東本願寺に引揚ぐ。

八日八軒屋に送り出したる負傷者は、巨海源八郎、牧原源蔵、簗瀬武四郎、三浦重郎、両角千代治、杉浦八太郎等看護として付添、天保山冲にて蒸気に乗込江戸に発す。

本隊は休息中、土州藩の使者来て、引上ぐることを止め、且つ実情を述てその応対甚だ慇懃なりし、己にして四ツ半頃に至り、我が隊は惣殿を為して引上げ堺に至る頃は、疲労困憊甚しく、一歩も歩する能ざりし程にて、暫時休息すれば覚えず、そのまま睡眠するもの多く、路上に横臥して眠るもの少なからず。堺に宿して漸く数日の疲を慰す。

大阪より堺間に於て、紀州藩の兵幕軍へ応援とて上阪せしも、直ちに紀州に引戻すを見る。

九日新館に宿す。紀州街道を幕府我が藩を始め桑名その他の大兵、落ち行くを見て、如斯大兵を擁して二三回の会戦に大敗し退散するは、時運とは言ながら遺憾も極りなく、涙を流して歎息せざるものなし。

十一日、紀州領磯脇村に宿す。

鳥羽へ御使並大坂引揚の一件

御小姓　浅羽忠之助筆記

本稿は松平容保の小姓、浅羽忠之助が、鳥羽伏見戦の最中、前線を視察し、大坂城に戻って主君容保に報告した内容を記述した文章である。

前線を視察した浅羽は、幕府軍の惨敗を知り、その戦略のなさに悲憤慷慨する。必死に戦うのは会津藩と桑名藩の兵士だけで、幕府兵は逃げ惑うだけだった。これを知った慶喜は、主君容保を連れて戦場を離脱し、ひそかに江戸に逃げ帰らんとしていることを知る。

これは一大悔いを残す不祥事だと、浅羽は慶喜に面会を求め讒言せんとしたがかなわず、慶喜は容保を連れて軍艦で逃亡する。浅羽は容保側近の神保修理と共に江戸まで主君を追いかける。

その苦労の様子が後半、描かれている。

また慶喜と容保逃亡の責任を問われ、神保が自刃する様子、容保が大坂城に置き忘れた孝明天皇の御宸翰を持参し、届けた事も書かれている。浅羽はこのとき三十八歳だった。終生、容保に仕えた。

なお、この文章は誤字、当て字がかなり見られる。その時の思いを一気に書いたと思われる。前後をよく読んで、解釈してほしい。それから読みやすくしたいと考え、ひらがなに書き改めた部分がある。原文は会津図書館蔵、『会津戊辰戦争史料集』に収録されている。

浅羽忠之助筆記本文

大坂にて明治元辰年正月二日朝、幕兵並に会桑を始め内府公御上洛の御先供人数出張、陸あるいは船にて八軒より上京（此処略す）。三日夜半過、大坂薩邸焼討す（此処略す）。四日未明に伏見に当り、火の手上り、勢盛なり。西は薩邸盛に燃立つ。この時御小姓下宿は御城大手表御門内、大坂御城代屋敷内。

さてその日、当番の為に代合で御城御殿へ罷り出候処、同勤奥番安藤監治申候には、昨日伏見戦争苦戦につき、陣将田中土佐始め隊長の面々へ、右御尋として御手元御使仰付られ候間、自分罷越すべき旨申につき、我申候には貴殿は先に京都にて竹田街道へ御勤めの事あれば、拙子この度は相勤しかるべき旨申しこれに極まる。副使は御膳番にて加藤内記なり。

正午に御城乗り出し、守口町手前にて我が御使番大場小右衛門戻るに逢う。よって様子尋ねたるに、伏見敗走し淀まで引揚、大砲頭林権助手負、同組頭中沢常右衛門、依田源治等討死、その他数人これある由、陣将田中土佐も淀に居候趣なりと。

伏見戦争の図

それより鞭うち急ぎ候処、負傷共は釣台にて大勢引取り、田中土佐は八幡村へ引揚べしとて、兵隊をまとめ八幡への分れ道にて逢う。

御意の趣は、昨日苦戦の趣、今暁聞し召させられ御案じ遊ばされ候。よって御尋ねさせ、鰹節下され候。なおこの上、精々粉骨相尽候様申伝え、様子等段々承り、なお組頭一柳四郎右衛門、木村兵庫へも委しく承り候処、幕兵何分相振わず、却て瓦解の種と相成候間、八幡は御家一手、山崎は桑名様一手にて持候つもりの由なり。

それより乗り出し行きしに、幕兵始め諸隊、共に淀より引揚の人数大勢にてようやく通行、淀町に至れば幕兵始め充満せり。

淀橋を通りしに弾丸頻りに来り、橋向いには隊長上田八郎右門隊下を率い居候につき御意の趣申伝え、これよりは玉先烈しく馬上叶い難き故、馬を繋ぎ案内を頼みしに、組士樋口丈助を差出くれ候につき、これに随い行きしに、大砲隊組頭海老名郡治居候につき、これよりは、これに随い行く。途中、弾薬車これ有り。海老名この世話など致し、一同引連れ候。

鳥羽村に至れば幕兵始め村民も居らず、誠に寂寞たる様、御家御人数ばかり三、四人ずつ所々家蔭にて鉄砲を打ち居候のみ。

しかるに向より両三人、戻り来る者あり。何れへ参ると郡治承れば、弾薬不足の由、答うるにつき、弾薬はこの方にて持参せり、急ぎ戻る可しと勢を付け追返す。

同村に隊長堀半右衛門罷り在候につき、御意の趣申伝候処、有難仕合に存じ奉り候、私はこれまで手に逢い申さず、これより進み候とて、一盃頭巾を冠り、手鎗にて組士召連れ、弾丸の来り候を構わず、大声をかけ進みければ、お目付高橋秀之進申しけるは、かようの処へ只々進み候とてそれにて宜しきと申すにもこれあるまじきと申し候。

このところ誠に弾丸烈しく来れり。

それに海老名一同先へ馳け抜け、大砲頭白井五郎大夫に（林権助手負、組頭組士等多く討死故白井隊へ合併）面会、御意の趣伝申すべしと進み候処、大小砲の弾丸来り進み兼ね、民家の陰にて見合せ居候処、向いの家陰に組頭小原宇右衛門居りて、何れへ通り候やと頻りに申につき、御用にて通り候趣、答候えば、とても通行叶難くひかえ候様、かつ海老名も共に進み難しと申候間、拙者承知致し、本人へ伝え申すべき旨申すにつき、その意に随い御意の趣、同人へ申伝え、ここより戻らんとする途中、別撰隊頭佐川官兵衛に逢う。

組士をロットに組立て、これより直に鎗を入候とて大いに勇み進めり。これへ御意の趣、申伝え候。

追々夕刻にも至り、かつは早く帰城、見聞の趣、存意申上げたく引戻し乗切参り候処、淀橋の上、玉引甚しく、淀町中頃まで参るに、加藤内記後れて来らず。よって少しく戻れば、加藤下馬致し、誰にや応対致居候処、すぐさま罷越候につき一同乗切り戻り、途中にて承候処、総督松平豊前守殿、竹中丹後守殿に呼び返され、内府公この敗軍の様子、御承知に相成候ては、御東下のほども計り難し。不肖ながら私共罷在候内は、決して御案じ下されざる様、万一御東下の御沙汰これあり候とも、肥後守様に於て、きっと御尽力くだされたく、なお主水正殿へも面会、右の趣申しくれ候様、御願御伝言の由。

それより戻りに途中、幕の騎兵共一同に相会候処、何れも口々、御家の働きに感じ、中には三日の夜は伏見にて四方敵、かつは火に取巻かれ、とても活路これなき処、御家御人数の御働きにて切り抜け無難に帰り、誠に恐入りたる御働き御陰にて身命を拾い候などと申者もこれ有り。

右の騎兵共は先へ馳抜け戻れり。

我等は食事致し馬にも餌づけ、夜四ツ時（午後十時）頃にもこれあるべく帰城致候処、京橋辺町方は品物、皆船へ積込み、立退の用意、その混雑申すべき様なし。

（戦闘は当初から苦戦だった。ただ漫然と進軍したため、一方的な戦いになってしまった。しかし情報が錯綜し、一時は味方、大勝利の知らせもあり、大坂城内が喜びに沸く場面もあった）

御城へ出候えば、御家老萱野権兵衛申候には、味方大勝利の由、様子如何と尋ねにつき、勝利とは存ぜざる趣、答候得へば、又申候には伏見方は藤の森まで取りしき、それへ大砲二門備え、鳥羽方は東寺まで取りしきに相成候趣、公辺騎兵隊の内、帰り申出候とて一統大に悦び、陸軍奉行戸田肥後守殿、これまでわざわざ参り、大勝の話これあり、詰所へ来り承るべしと。

右につき勝ち々々と申され候。

火事と間違い、大に驚き候者もこれ有り候。

それとは事違い、如何様の様子と尋ねにつき、右の段々、陣将隊八幡へ引揚げ候、都合により淀並に鳥羽の形勢を始め総督両侯より御伝言の趣まで、逐一相話ながら去り、全くの敗軍とは存じ申さず、佐川隊の勢を始め只今頃は定めて勝利に相成候わん、討死手負多く出来候は、御軍配、悪しき故と存じ候、かほどの大軍を只一方より御差向はこれあるまじく、只々敵の的となり、かつは味方打もこれある様に存じられ候。

（大勝利が誤報で、実際は敗北濃厚だった。浅羽は軍略のなさを指摘した。幕府陸軍の不甲斐なさである）

何とぞ諸手を方々へ御分けなられ、後なりあるいは横より御取懸りなられ候様致したき段、申し候えば、権兵衛申し候には、それは如何様の訳か、殿中の評判とは大に相違せり、なおその次第、早々申上げ候様申される。

騎兵共も途中数人一同とも相成り、戦死の様子も弁じながら、皆々一時偸安を以て、虚言を上申せしは、亡国の機運とも申すべきや。

それより直に御用部屋口へ参り、君公へ御逢を願い、総督よりの御伝言を始め、右の逐一申上候えば、桑名侯を始め御大老酒井雅楽頭様始、御老若方御同道に相成り、なお又御尋につき、右の条々、かつは敵と申すは薩長ばかり、その余は皆両端を抱き、傍観罷り在り候様子なれば、御軍配さえ宜しくば、御勝利疑なき見込みに存寄りを申上げ候えば、何れも至極、なお工夫もこれありと仰せ聞かれ候につき退下す。

それより陸軍奉行肥後守殿にも承知致したき由にて、公用人小野権之丞案内にて陸軍奉行詰所に罷り出、右の委細相話し候。

右、佐川奮発し白井隊と合し、鎗を入れ大勝利を得しは、築瀬浪江筆記に詳なり。よってこれを略す。

○五日頃か内府公仰せに、加様の形勢に相至り候ては、十分力を尽し、万一ここが敗け候えば関東と申すもあり、又これが敗れ候とも実家の水戸と申もこれあり、何れまでも、存分を尽し候と立派に御沙汰あり、誠に御奮発の由なり。

さてこの度御家の働き、殿中にて大いに評判、口々に申居り候を御隣部屋桑名様御家来共、誠に羨やみ居り候。

○六日拙者、当直、宿直番に候処、昼御膳後、君公早速、御用部屋へ御詰遊ばされ、始終御詰切にて御夜食も御弁当竝に御鍋廻しにて召上らる。

しかるに戦争の模様悪しく、次第に引色になり、陣将隊を始め佐川隊、堀隊等夜に入り、過半何れも御城中へ引揚ぐ。

殊に官兵衛わずかながら弾丸にて眼をかすり実に苦戦の様子。されども益々奮激再び出張の勢へ、かれこれ殿中の混雑云わん方なし。

しかるに幕兵共は気臆し、一向振わず。

よって幕府より佐川官兵衛歩兵頭並に御雇、望月新平、井口源吾、金田百太郎等四、五人歩兵差図役頭取並々御雇、その他別撰組の者とも歩兵差図役並に御雇仰せ付けられる。官兵衛儀は公辺より築城隊を借り、守口まで出張、ここへ胸壁を堅固に築立て、これにて敵を喰留候覚悟。

しかるに金田百太郎申候には、かく切迫に相成り、今晩出張致候については今生の御暇乞いと存じ、何とぞ宰相様へ御目見え申上たき趣申すにつき、至極尤なる儀と存じ、御用部屋口へ参り御逢を願、右の趣申上候えば、召し連れ罷り出候様仰付らる。

官兵衛始め一同、同道罷り出候処、品々御懇の御意を下され、官兵衛始めそれぞれ鰹節下され候。

（幕府軍のあまりの不甲斐なさに、慶喜は会津の佐川官兵衛を幕府陸軍歩兵頭並に採用した。この段階までは、慶喜も戦う意欲があった）

それより暫くして権兵衛詰所へ参り、赤羽主計儀も学校奉行添役の勤め仰せ付けられ同様出張致候間、召出され候様取計うべき旨申聞候につき、主計儀同道致候処、早速召出され候。

同人退下後にて承り候は、公辺の蒸汽船天保山へ廻り候説、御座候処、内府公御立退等は御座有るまじくと伺い候えば、その節仰せに、かよう敗軍に相成候ては金城を枕に致し、たとえ討死致し候とも、存分を尽す外これなしと仰せにつき、至極御尤の御事に存じ奉り候旨、申上げ退下。

この時、夜半頃にもこれあるべく候。しかるにそれより八ツ時（午前二時）頃にも、これあるべきや、神保修理、拙者等の詰所口へ来り面会致たく候と申すにつき罷り出候えば、刀を持参致候様申すにつき、戻り刀を持参罷り出候えば、御用部屋の方へ連れながら参り申し候は、内府公御東下、宰相様にも御供にて御下りの由申すにつき、それは大変、来る儀に候と申し候えば、それには御都合これあり。

父親内蔵助、上田学大輔お供仰付らる外に拙者、貴殿も御連れ遊ばされ候間、この段申聞かせ候様御沙汰の趣申すにつき、全部軍議の上御決定の事と存じ、左候わば御大切の御品これ有り候間、これに持参致すべしと戻らんとする時、修理申し候は、まだ極く御内々機密の趣申すにつき、差含み詰所へ戻り、兼々不時の節、奥番へ御委任にて背負候様相成居候御宸翰（文久三年十月九日御頂戴）並に御草鞋（これも出火不時変の節奥番持参致候儀にて兼て紬木綿袋入にて御渡）持参、御用部屋入口へ参り候えば、修理申し候には今に御左右の節は御用の間へ罷越（御家老詰所の事）（神保）内蔵助（上田）学大輔へ御用にて在り候趣、かつは御櫓へ御上りの御様子につき御刀御持参成られ候様、申し伝え呉れ候様申すにつき、それにては御家老方一統承知の上にこれなきやと申し候えば、承知にこれなき趣、申すにつき、それにては相成りまじく、只今、かようの苦戦に相成り、死傷かくの如し、それを御見捨て、左様の御不義理にて御立退きと申すは相成りまじくと、申し候えば、修理答には慶喜様の御都合あり、必至と漏洩致さざる様、堅く仰せ聞かされ、今更致し方これなしと申すにつき、それにて甚だ相違の事と存じ候。

（浅羽は慶喜の逃亡計画を知り、驚いた。神保修理は、これは秘密だといったとある。神保は逃亡を知りながら阻止できなかったことで、自刃させられるが、単独で容保を追

ったのではなく、、上司に知らせている）

右様御立退き遊ばされ候ては、恐れながら二度、御家来へ御面皮御立ち遊ばされまじく、何れにも慶喜様の御都合あり、御他言御六ケ敷きは、これ又止むをえず、左すれば御逢を願い存分申し上候より外有るまじく、御互に於てもこの事承知致し、御諫言も申上げず、その通り遊ばされ候に於ては、君を不義に陥し入れ奉るに当り必至と相成りまじく、内府公への御都合にて御供遊ばされず候ては相成らず候わば、条理を御立遊ばれ候ての上にて、しかるべしと、理解致し候えば、修理も尤もの旨、至極同意致し、左候わば御逢いを願い申し上候ほかこれなしと、それより御城坊主を以て御逢い願候処、内府公の御前の由にて御逢いこれなし。

（浅羽と神保は、慶喜を諌めなければ、条理が立たないと慶喜に面会を求めたが、それは果たせなかった）

よって引続き幾度となく御逢いの義、申し上候処、矢張御前の由、ほど無く御下りに相成べき旨、申し候。その節、御軍事奉行倉沢右兵衛、公用人小野権之丞等は拙者と共に入りの間へ詰め、御逢い願い居候。

さてその節、桑名様隊長松平某外一名、只今引揚げ戻り候とて、越中守様へ御逢い申し入れ候由の処、これを以て御逢これ無し。

矢張り拙者共、一所に罷り在り候。しかるに佐川官兵衛は入りの間にて、総督竹中丹後守殿へ面会し、ぜひとも御一名御出張下されたく、尤も歩兵は一大隊ほども出張先へ御残し下されたく、頻りに相迫り候処、益々歩兵共は皆々引揚げたく、何れを残し何れを引揚べきや、只調練手繰等を覚え候までにて、申さば、祭り子同様の衣と申して、兎角取合せこれなし。

終に退座にて陸軍奉行戸田肥後守殿出座、種々の議論あり、終に戸田殿出張に相極まる。追々夜も更け、紀州家御附家老水野大炊頭殿通り懸り、立寄られ申されけるは、この頃、一昨日新宮より（在所なり）七騎にて、乗切上坂致し候、今回は一大隊着せり、紀州殿には二、三日中には御上坂に相成るべしなど色々申され候につき、拙者申候には、か様の敗軍に相成り候は、大軍を只々一方へ御差向にて敵の的と相成り候故、死傷も多き故、何とぞ、山崎並に蹴上丹波の方へ、御人数御廻しに相成り候様致したく、かつ兵庫、御手薄の様子、これ又厳重に御固めこれあり候様致したし等見込みのほど、申述べ候えば、大いに奮発致され候様子にて、今日着き致し候兵を以て、明日旦分、奈良より蹴上へ廻し候と潔く申され候。

この節、修理申候には、この模様にては、明日中には御城内へ焼玉様打込まれ候も計り難しと申せば、水野殿申され候は、それは却ってこれ幸、かく内に居れば人々惰弱に成り居り候、皆、焼き候えば、自然と奮起致さんと誠に奮激致され候。

実時、蒸汽船天保山へ廻り、内府公、御立返と申す説これ有るを承知致され、大いに憤り、右様の儀などこれ有り候ては、紀州殿御上坂などは必至と御止め申上候と以ての外、立腹致され候。その内御立退きの様子追々聞え、御小姓金子忠之進等聞伝え参り、拙者共と一同罷り在り候。

しかるに酒井雅楽頭様（御大老職）家来某も己の御主人へ御逢い願いたしと罷り越し候につき、拙者共は坊主を頼み申込み居り候間、左様成られしかるべき旨申せば、すぐさま坊主を頼み入り候えども、矢張り御逢いこれなく、その内、追々時刻も移り、気はいよいよ猛に思えども如何ともなすべき様なし。

やむなく御伺（坊主）頭池田貞阿弥を頼み、御逢いの儀、御前まで罷り出、御直に申し上げくれ候様、ひたすら依頼致せば、ひとまず入りの間へ、罷り越し、ほどなく戻り申し候は、只今御前に御座候、私共は御錠口よりは内へは入り難し、委細は奥へ頼み参り候間、ほどなく御逢いに相成るべしと申候。

よって何分、当惑致し居り候処、奥より敷紙包を（御召抜にても可存之哉）持出候得ば、雅楽頭様御家来、罷り出、受取り候処へ修理罷り出、何か話し居り候処へ外一人御役人体の者、罷り出（後にて聞けば瀧川播磨守殿）これへも承り、すぐさま立戻り、最早、御起ちに相成り候由なり。

如何致すべしと申すにつき、兎も角もこれなく、懸出し追懸け申上げ候外、これなしと申せば、修理一散に飛出し、御家老方居り候処へ罷り越し、拙者一同も修理云々の次第申せば、内藤介右衛門申候は、左様の儀等これなき筈也、もし他へ洩れ候ては、宜しくこれなき旨、申すにつき、拙者申し入れ候は何れにも見届け奉る旨申す。それより両人懸出し、この時、明け々々鳥啼出せし位なり。

鳥羽伏見戦跡

金子忠之進はこれまで一所に居り候えどもこれより仲間休息所へ入り、そのまま罷り出でず。

○七日明け々々御厩へ（大手前御借受）罷り越し、御厩別当野村彦五郎へ断り（この節まだ寝て不起）、御召馬二疋支度致し置き候を、（不時御用意に設け置き候）借用、両人にて馳せ天保山と志し、道を聞きながら馳けるに、幕兵と覚しき丸印の陣笠を（幕府の印は黒塗陣笠の前へ金の輪印）冠り、大勢先へ参るにつき、大方これより御立退ならんと急ぎ乗り付け候えば、異人共の立退にて幕兵警衛の者にこれあり。

よって大に力を落し、又々乗切候えば、木津川の川船に五、七人乗り、舟を漕ぎ出さんとするあり。

よく見れば溜詰格松平刑部大輔様（三州吉田の城主）大坂御城代牧野越中守様（常州笠間の城主）両人共に手拭を冠り、羽織を裏返し御供両三人位ずつ、如何にも微行の様子なり。

修理はその様子見付け、下馬致し候えば、右御両公よりも手招致され候につき、修理一同罷り越し候えば、申され候には内府公、蒸汽船へ御乗込に相違これなし、まだ奥詰の分乗船これなき候間、御乗出に相成らず、これより御船へ参り候間、召連れべく急ぎ候様申され候につき、誠に有難く、馬をばその処の町屋へ頼み、本願寺会津下陣へ届け呉れ候様、金子一円与え、それより御同船にて乗り出し候。

この時、委細を城中へ申遣したく存じ候えども、両侯御急ぎにつき、止むを得ず船頭戻りの節頼むべしと、修理儀船中にて鉛筆を以て、御家老連名宛こちら両名にて委細を認め、船頭へ相頼み候積りにて段々乗出せば、風吹き次第に烈しく天保山沖に蒸汽船三艘これあり候処、この時、一艘煙を立て出帆す。

君は御座船かと大いに心配すれども、如何とも致し方これなし。それより天保山沖へ乗出し候処、次第に風強く、刑部大輔様には旧冬押詰り御船にて御上坂に相成り、その節も難風にて覚えこれあり候えども、この位は恐るるに不足などと申され居り候えども、益々烈しく相成る。これには大いに御心配、船頭も大いに心配、水も船へ入らんとする勢にて、蒸汽船は直先へ見え、心は矢丈に存じ候えども何分致方これなし、船頭も大骨折にて漕げども、とても六ケ敷とて戻り、天保山へもようやくの事にて着致し候。

（浅羽と修理は船を追って天保山沖に漕ぎ出したが、一足違いで慶喜と容保が乗った軍艦開陽丸は江戸に向けて出帆した。海は荒れていて、二人は呆然として開陽丸を見つめたことが分かる）

よって評議致し候は、何時までここに居り候とも風の止むべき見込もなく致せば、陸地を急ぎ候より外なしと出起ち致す処へ、若年寄平山図書頭殿参られ候につき、吉田、笠間の両侯にも評議致され候処、紀州由良は御碇船の御積りなれば、これより御乗船しかるべしと申され候由。

しかる処へ外国人（メキシコの由）バッテイラにて川より乗り下り、通行致し候につき、これを頼むべし相招き、平山殿にも頻りに手招き致され候えども、聴き受けずに通行致し候処、これも叶い難く引き戻し候。

いよいよ風は強く、とても止むべき目当、これなき旨異人も申候。よっては果もこれなく、何れにも紀州へ急ぎ候外これあるまじくと談じ候処、桑名様御用人三宅弥惣右衛門、御手元中島嘉取の両人、乗切りにて罷り越し申し候には御立退の趣、御藩より承り重役へも申さず、すぐさま乗り出し罷り越し候。

如何様の御都合に候やと承り候につき、逐一の御様子、かつ又紀州へ志し候事をも相話し候えば、両人もまず以て安心致し、私共も御一同下されたしと申すにつき、至極と承知致す。

時も急ぎ申すべしと、両侯始にも決定致され在り等の辺り委しく認め、御城中に罷り在り候重役中へも、申遣したく存じ候えども、その暇もこれなき故、初め船中にて修理の認め候を笠間侯の騎兵のもの城中に戻り候につき、依頼差出し候。

桑名様衆申候には、拙者共もこの次第重役へ申遣したく候えども、取急ぎ認め兼候間、御書状の裏へなり桑名へも御伝下されたしと申すを認めくれ候様依頼につき、その通り認め差出し候。

桑名様両人は、別当あとより参るべしとて馬をば、そのまま途中へ乗離し、一同出起ち致し候（但両侯始め主従我等十二人出起は昼頃ならん）。後修理より承り候に（笠間侯御離の由也）この時、笠間侯の臣某（姓名失念）民家の傍へ御主人を招き諫め候は、ここを御捨て、御下向と申すは必至と相成りまじく、ぜひ共に御立戻り、敵寄せ来らば、討死仕り候間、その節は御覚悟成られ候様泣いて諫め候よし。

その時、笠間侯御答には、かほどの儀を内府公何等の御沙汰もなく、御立退と申すはこれなき筈、ぜひ御目通りへ罷り出、御主意伺い候ての事と存じ、御城中にて老中へも申達し、今又平山へも話し候処、何れも尤もの趣と申し候とて一向御承知なく、御立退の由に申上候ものは実に格別成者と存じ候。それより吉田様、笠間様等十二人にて出起ち致し候処、寒風身に染み堪え難き位なり。

刑部大輔様にも寒さに御困難なれば、修理己れの下着に致せし自絹を解き裂き、襟巻に差上げ候。ようやく泉州堺路へ出候えば、幕兵共大勢紀州へ落ち行き、又紀州様よりは御上坂と申して弾薬小長持にて夥しく引もきらず、為に御登り、実にその雑沓謂わん方なし。ある茶店にて一同食事し、すぐさま出立せしが、大坂にては火の手上り黒煙り風に巻かれその勢恐しく、しかるに昨夜よりの疲労もあり、貝塚手前へ至れば日も暮れ、一統にも大いに疲れ、よんどころなく貝塚裏屋の方へ止宿致し候。

（紀州は幕府の敗残者で溢れ、もの凄い雑沓だった。大坂の方角には黒煙が上がっていた。敗残兵の姿が描かれている）

しかるに、夜半過にもこれあるべきや、宿より知せには、何れの人数か泊り人を改めに参り候と申すにつき、御両侯並に従臣共も大いに心配、面々偽名など拵え、拙者も御宸筆持参致居り、実に心配致候。

それより翌日承り候処、貝塚宿は落人宿りにて明き家これなく、幕兵共宿りに困り、泊り屋を尋ねに参り候由、翌朝承り大笑い致し候。

○八日に至り候ても風少しも静まらず、よって、これにて評議致し候は、紀州まで罷り越し候処が、これ又六ケ敷御船まで参り兼、それより陸を廻り候様にては大廻りに相成り候間、今の内に道を替え大和路へ懸り、伊勢松坂へ参り、風合によりこれより乗船致候方しかるべしと評決、それより一同宿駕を設け、間道へ余程大坂の方へ戻り、大和路へ出候。

しかるに両侯方御一同には、とても果敢しく急ぎ候事も相成らず、とてもの儀（に候故）、これより両侯方へ御別れに致し候ては如何と桑名様衆へ申談じ候処、至極同意にて、その趣両侯方へ申上げ、ある茶屋にて昼食事致し、それより御別れに致し候。

その節、吉田侯より吉田人数中と宛の御直書を途中にて人数に行逢いに候わば渡しくれ候様にと御頼みを得、笠間侯よりは江戸へ着の上、日比谷屋敷某へこの様子通しくれ候様にと御頼みを受け候。

それより急ぎ下候処、追々桑名様御人数、志州鳥羽の人数にも追付き候処、御家にて戦争の働きは驚き候とて口々申し候。

（途中、会津藩の戦いぶりは驚きと口々に賞賛された。これは戦ったのは会津だけということでもあった）

はせ（長谷）の観音手前にもこれあるべきや、夜中の事、吉田の人数大勢居候につき頭分の方へ面会申入れ候処、御目付の由にて罷り出候につき、右御直書相渡し委細を相話し候。

さて、これまで昼夜の別なく急ぎ疲れも増し候につき、右人数の内へ入り、腰を掛けながら横になり二時間も休息致し、それより踏み出し候処、諸家の人数大勢にて人足始め駕籠など一挺もこれなく、修理には足痛にて困難罷り在り候。よって、わずか二里の間、二円にても三円にてもかご頼みたしと頻りに申せども何分これなく、それより少し先へ参り候ては、ふご（もっこ）などへ乗候都合につき、これまで実に困却せり。

津の領内へ入り候ては、官軍より出兵を命じられ候とて、大騒ぎ、ようやくして松坂に着き、この浜より乗船致したく依頼候処、風合悪しく、とても六ケ敷（候）。これより八町ほど先に船場これある趣にて罷り越し候処、これ以て同様の拠りどころなし。東海道へ出下るより外ある間敷くと本道八軒と申すへ、ようやく出で候。

これまでの難渋申し難く、これよりは人馬も自由に相成り候。これにて四人評議致し候は、追討の勅命下り候ては、津の番所も定めて厳重ならん、よっては偽名を以て通行すべきと、追々城下近くに成り候えば、上野へ追討の出兵、仰せ付けられ候とて、又々陣羽織着用、鉄砲運送など大騒ぎなり。しかるに修理は少し先へ行き、拙者と三宅は一同せり。

三宅申すには、番所にて姓名承り候間、その節貴殿は弁が違い候えば我行きて名乗らん、志州鳥羽と申すべし、我に任せよと。その言に随い城下郭門へ至り、三宅越すに姓名を改め、只帳簿へ記載候までにて何等仔細なし。しかして三宅戻り申す（まで）には、無用の心配せり。

神保氏は会津神保理八郎と申され候由帳簿にあり。これにて思う、何の仔細もこれなしと。すでにして東海道四日市駅へ夜半着き、問屋を尋ね、宿駕中付け人足揃え候間、少しく休息せり。しかるに早打の声聞え候処、ほどなく問屋前へ来り、会津神保様御通行にこれなきやと尋ねるにつき、何の御用に候やと尋ね候えば、紀州津田監物（紀州家松坂の城代）申付け越し候。過刻、松坂御通行の趣、監物承知致し御目に懸たく存じ候処、最早御通りに相成り候由にて、私を以て上方の様子伺い候様、申付けられ候趣申すにつき、修理罷り出面会、委細様子話し候えば、同人はすぐさま引戻り候。

それより出起致し、明け明けに桑名へ着す。しかるに不意の旅行にて路用乏しく、故に三宅へ依頼、桑名様より金子借用致したき趣、談事致すに承知致しくれ、これにて別れ、定宿へ参れば、家財など残船へ積込み、畳までも取片付け、皆々立退きの用意、町方一統同様見世は戸を〆め置き候。

さて定宿に我藩の北原大和、町田伝八これまで乗来り捨置候駕籠二挺、これあるにつき、幸と修理一同これへ乗り、早打にて下らんと談じ、修理は三宅へ依頼の金子借用の為め、家中三宅方へ罷り越し候処、登城留守にて弁じ兼戻り候処、家中の混雑云わん方なし。

中にもその途中、老嫗尋来り、私の子や孫、大坂へ登り居り候処、無事や否や御承知はこれなきやなどと涙を流し、尋ね候由、右の振合にて実に目の当てられざる有様の由、拙者は駕入りにせんと、町へ蒲団調達に出候処、同じく混雑店を〆切り居り、ようやくの事にて調達罷り帰り、修理一同、定宿にて三宅の左右を待ち居れども参り来てくれず。

よって時刻遅れ候ては相成らず、かつ定才領塚原広治荷物持参登り候処、この騒乱につき昨日宮宿へ戻り候趣、亭主申すにつき、金子もこれより借受んとその用意致し、問屋へ頼み、賃銭帳を拵え候処、御小姓平番簗瀬克吉、小池周吾大坂より江戸へ下り候書付これあり。

まずこれにて安堵し、何とか宰相様江戸御着の御間にも逢うべしと申すと少しく安心、これよりただちに出起し、早打にて暮合宮宿へ着き致し候（昼夜の旅行日不詳）。

それより塚原広治に面会、云々の事柄にて路用乏しき故十両ずつ借用の旨、依頼致し候処、承知致呉れ候につき、それよりただちに出起し、昼夜急ぎ候処、宿の問屋共罷り出、上方の様子伺候様御領主様より仰せ付けられ置候趣にて承り候につき、それぞれ答え候処、何れも御家様この度の御働きは御格別にて、御評判御宜しきと口々に申候也。

（会津の評判は、ここでも上々だった。しかし、負けてしまった以上、それは無駄な戦いというものだった。今となっては、すべてがむなしかった。二人は金子がなくなり、借金しての逃避行となった）

○十五日午時頃にもこれあるべく、江戸へ着、和田倉御屋敷へ罷り出候処、果して簗瀬克吉、小池周吾着し致し居り、相馬、河原善左衛門の両人、奥番仮役仰せ付けられ、外に平番三、四人仮役仰せ付けられ罷り在り候。御機嫌伺い奉り候処、何の御変りもあらせられず、十二日には内府公の御供にて浜へ御着船の儀、申す来り候につき、御留主居神尾鉄之丞、馬場先御門まで参り候えば、御一騎にて入らせられ候に御行逢い申し、御用人荒川善蔵は西丸下乗橋にて御逢い申上げ候由、それより御直ぐに御登城遊ばされ候て、一旦は御下り遊ばされ候えども、御洋服にて御東下なれば、御召替とてもこれなく、大いに御差支えにこれあり候。

よって一橋様（御実家並御兄様）並に御簾中様より進められにて、当分、御間に逢い居り候由。それより御登城にて御詰切の趣、申し聞き候。よって修理一同、西丸へ罷り出、御逢いを願い御機嫌を伺い、御宸筆持参仕り候段申上る（御宸筆は兼ては服紗へ包置き不時の節は、奥番の任に付、途中内懐に致し昼夜心配致居候）。

かつ如何様の御都合に入らせられ候や、御一騎立にて、さぞ御難儀の事どもにて入らせられ候わんと申上げ候処、仰せには何分俄の事にて、一統へも申し聞かせ兼ね候処、よく早速に馳け付け候と御懇の御意を蒙り候。

（容保は突然のことであり、家臣たちに何も告げずに江戸に戻ったことをわび、浅羽がすぐに駆けつけたことを慰労した。容保の心境はどのようなものだったのか。もう少し、記述がほしいところである）

なお御退出の儀、伺い候えば、今日は御下りの趣御沙汰なり。

それより御屋敷に退下し御登城御門辺へ（桔梗御門外にて西向御門）参り候えば、同勢足軽参り、修理様御用これあり候間、御城へ御戻り成られ候様申し来り候。よって拙者は、ここより戻らんと致せば、修理申すには一同の御用かも計り難し、何れ一同罷出べき旨申すにつき共に西丸へ戻り、修理御前に罷り出退下の後、拙子も申上たき儀、これあり罷り出申し上げ候はこの度の儀は如何様の御都合に入らせられ候や、御家老始めへ何の御知らせもこれなく、修理ばかりへ御沙汰これあり候ては、御家老始め如何に存じ候や、恐れながら御失策にて御案じ事と申し上げ候段、中上候えば、御答には誠に失策の至り、少なからず御立退かの御様子もあれども、しかとも致さざる儀を一統沸騰致す様にては相成らず、折に触れ修理へ心得までに相話し、万一の節、その方をも召し連れ候趣、申し候也、いよいよ御立退、御治定ならば家老始めへ申し聞かせ候は勿論なり。

しかるに誠に早意の御起ちにて、かれこれと申上げ候えども何分行届かず、終に御供致し候段に立ち至り、誠に誠に不都合の事也。

なお後刻、退下の上とくと話すべしと御沙汰につき、それにては御余儀無き御次第柄なりと申上げ、修理一同御城を下り、その道すがら修理申す候には、只今の御用振は綴る処、内府公御退隠にて御恭順、一橋公へ御相続成されたく、左すれば百万石か二百万石位には御跡目御立ち成られべくとの慶喜公御内意の由、密かに御話の由也。

さて我れより修理へ申し候は、大坂御立退きの御様子伺候処、云々の御都合にて御余儀なき御次第。それを只貴殿へばかり御沙汰にて御立退と御申さるにては、第一君徳へも相響き必至と相成り候間、以後は御口外成られざる方しかるべしと相話し候。

（浅羽は修理の身を案じ、修理に、主君が江戸に戻った事情は話さぬように注意した。修

理が事前に逃亡を知った場合、これは責任問題に発展することは必至と考えたためだった）

ただし大坂出起の節、吉田、笠間の両侯、御同船の節は一己へばかり御申聞にて御立退きと申す事を申入れ、桑名衆一同、旅行の節も右申し候えば、三宅申し候は越中守様には誰一人へも御沙汰なしにて、御立退に成り候と申し候。

同日夕、御退出遊ばされ候処、御座右の御品を始め御夜具等まで照姫様より御貸し進ぜられ候。桑名様には始め一橋様へ（御同人様の御実方御兄様なり）御着に相成り候処御都合あり（御家桑名にて慶喜様御退隠の上、一橋玄同様を御相続に御立成られ度などと旗本にて流言申候者もこれあり、御嫌疑あるを御避け成られ候為や）御一同御家へ御退出御滞留につき、小書院御貸し進ぜられ、御夜具は照姫様より御蒲団など御取りあつめにて、御借遊ばされ御膳は表様より進ぜらる。

これより御二方様、十六日御登城十七日暁御退出にて、それより始終御不勤にて、桑名様には二十八日まで御滞留にて、築地の御屋敷へ御引移成られ候。

御家臣御手元の者など御屋敷より罷越し、小書院御縁を詰所と致し居り候。その内三尾、中島など始め御在所より追々着に相成り候。

さて御屋敷へ御戻りの節、御滞留中御世話を申上げ候廉にて、銀子三枚桑名様より頂戴仰せ付けられ候。

○さて御退出（十五日の事）の節、御人払にて御沙汰これあり候は、これまで仮役のみにて不自由の処、早速、馳け付け罷り下り、これよりは万事都合も宜しく、克吉、周吾等もよく決断し、罷り下り候等と御懇の御意を蒙り候。

その節、伺候には六日の夜、御沙汰には金城を枕として討死致までも存分を尽し候との御沙汰の処、ほど無く修理を以て御立退の由、仰せ付けられ候処、暫時の間に、左様御模様変り候は如何様の御都合にてあらせられ候や、と伺い奉り候処、仰せには、ことごとく、その方に申すには御船天保山へ御廻の説、御座候処御立退などと申す事は御座あるまじくと申すにつき、右の通り答え致し候。

しかるに、その節少なからず御立退の説も有れども、到底存分を尽す覚悟故、右申し候えども追々、その説も盛に相成り候につき、万々一の節と存じ修理へ極密に心得までに申し候事にて、右御評議等もこれある節は家老共始めへ申し聞かせ候は勿論、きっと覚悟もこれある処、俄かに桑名申し候は、只今内府公立退き御東下の由、よって御沙汰には、会桑は兼て外より目を付けられ居り候間、只今自分と一所に供致し候様、老中は時計一と廻り廻り候処にて後より参るべしと、尤も機密の御神策もあらせられ候由、右につき色々申上げ候えども御聞済みもこれなく、恐れ乍ら内府公、御独行位の儀故、止むを得ず御近衛致すべしと誰へも申す暇もこれなく、終に御供致し候（この役後々考に旧冬十二月九日内府公二条城御立退御積りの処、御家老御家臣等沸騰、御玄関にて割腹する等申す儀有之につき、この度も右を御厭い、俄に御供の御沙汰と考えられ候)。

慶喜公には板倉公並に御小姓等を随え、潜かに御出門、八軒にて弾薬船へ御乗船、我公、桑名侯には御庭番を随え、ただちに御跡を追い馳け出し、御船へ御乗付け、船頭東淀へ登らんとす。御小姓制して西に下らしむ。船頭何故なるを知らず。この時八ツ時頃(午前二時)にもこれあるべし。

八軒と申処より御乗船、未明に天保山沖異船へ(亜米利加、御雇船也)、夜の明けるを御待遊ばされ、それよりスクウナーに召させられ、回(開)陽丸御船へ召させらる。

(これを読むと、慶喜が先に大坂城を抜け出し、その後、容保が追いかけたことになっている。お庭番を従えたとあるが、名前の記述はない。これは謎の部分である)

その節、風強くして大いに御難儀、ようやく御乗移に相成り候(私修理より承候頃は疾く御船に相成候事との御沙汰)由、御船中にて内府公へお伺遊ばされ候は、五日には誠に御立派なる御沙汰に御座候処、如何致し、御立退遊ばされ候やと御伺に相成り候処、仰せには左様申さず候ては一統奮発致さず故、権宜(臨機応変の計らい)を以申し候也と御答えの由。

七日には風強く御出帆御六ケ敷、御碇泊に相成り候処、その朝イギリス船怪しき所業これあり、異国の法にて相成らざる処へ船を乗込み、大に御用心も遊ばされ候処、格別の儀もこれなく候えども、その内、誠に御心配遊ばされ候由。

さて御乗船中は御上り物始め万事御不自由にて、下田は入らせられ候えば御肴も沢山ならんと皆々御楽しくなさせられ候処、折悪しくしけにて、御肴少くわずかばかりの御肴へ皆々御打寄り、御珍らしく召上がられ候由にて、食物へ蝿の寄候如くと御笑成られ候由。

御船中、御櫛、御月額等は床屋居り、これへ仰せ付けられ、右代銭を始め凡て御身廻りの儀、奥医師坪井信竜御世話申し上げ、御両便等船中も御不馴故、これまでも御世話申上げ候由、御煙草御鼻紙等は御側向方より御貫成られ御凌ぎの湯水等も誠に御不白由の由(江戸表御着の上右坪井へ御答礼下されたく思召故御用人へ申伝え候)。

(この辺りの記述は、浅羽が主君容保から聞いた船中の模様と思われる。船中は万事、不自由だったとある)

さて御船中御座所に始めは小児の声致し候と思召し候処、後には婦人姿を現し、承れば御侍妾の由、何時の間に御連れ成られ候やと逐一御話これあり。よって申上げ候は誠に恐れ乍ら、これまでは御案じ事申上げ居り候処、段々の御次第柄伺い候えば、誠に御余儀なき儀に存じ奉り候段申上げ候。

(巷間、慶喜は侍妾を連れて乗船したという噂があったが、それは事実だった。この女性は江戸の火消し、新門辰五郎の娘、芳といわれる。女装して大坂城を抜け出したという記述もあるが、それが芳だったのかも知れない。

辰五郎は慶喜が逃げる際に大坂城に忘れてきた、家康以来の金扇の大馬印を運んできたといわれる）

○簗瀬克吉、小池周吾は如何様の都合にて早速下り候や、承り候処、大坂御城中にて御立退の趣承り、追々世間も騒がしく相成り、御家老方よりも加様に相成り候ては、面々に於てもなお又見込の者は申出候様申し聞かされ候えども、敢てよき評議もこれなく、仲間に於ても誠に因襲論にて、敵が奈良へ廻るか、あるいは彼へ廻るなどと色々浮説に動じ、右に付ては御本隊は一同になり、御供番、御徒なども後になり先になり、更番して打払通るより外これなしなどと一向に引立てこれなし。

かく御一騎立にて御起ちと申すなれば、君側の任に於てかく安んじ、一統と同様に致し居り候ては、寸刻も安んじ難し。尤も目的遺居り、見込申立て候とて行われべき見通しもこれなく、却って思立の障に相成る儀と存じ候。

されどもなお人探り見るに、何れも同意の様子これなし。よって決心致し内々、原直鉄へは話し、下宿まで参り候と申す、それよりすぐさま出起奈良へかかり罷り下り、奉行所へ立寄り候処、至って丁寧の取扱いにて、これある由申し候。

○十七日暁御退出遊ばされ、それより御不勤遊ばされ候。その故は一橋様御登城の節、内府公御退隠、一橋公へ御相続御譲り成されたく、御直に仰せられ候につき、よんどころなく御請け成され候旨、御同方（一族様の事）御用部屋へ御出、宰相様、桑名様へ御話成られ候につき、御二方様思召には、それは御宜しく御座あるまじく、今ここにて上様御退隠の場合には、御座あるまじき旨仰せ上げられ候えば、左候ば御前へ罷り出、御詫び申上ぐべき仰せにつき一度御請けをも成られ、今又御説と申しては、御聞き済みのほど、如何御座候や。されども何れにても御託びの方、しかるべくと仰上げ居り候由。

なお又、板倉閣老へも御二方様御逢いの上、右の段仰せ立てられ候。もし御承知これなくば、私共御用部屋入り、御免下されたき旨、仰せ上げられ候由、板倉公にも右の趣、上様へ仰せ上げられ候由の処、一向に御承知これなく、御用部屋入の義も余儀なき事と御沙汰につき、ただちにそれを御握りに御退出遊ばされ候。それより御不勤遊ばされ候。

右一橋様へ御相続の儀、旗本にて疑惑を生じ、大坂御立退も会津より起り、会桑にて一橋様を立てたき積りなどと中には憤り候者もこれある由也。それ故桑名様には一橋様へ御戻りこれなく、御家へ御出也。

しかるに板倉侯より御直書にて、御出勤の趣、頻りに御促しこれあり候処、この度御用部屋入り御免の事故、御登城遊ばされざる段、御断りに相成り候処、後には上様御口上の御移を以て、表向御免の御達と申すにもこれなく候間、矢張りこれまでの通り御用部屋入り成られ候様などと度々仰せ進ぜられ、その後は御目付松平伊勢守殿御内々御使にて、仰せ遣わされ候儀も、これあり候えども、御決心の事故、御登城遊ばされず候。

○伏見鳥羽戦争手負の者共着致し、芝御屋敷奥御殿は、病院に相成り候。右為御見舞、十七日御乗切にて御出遊ばされ候処、小森一貫斎、右懸り仰せ付けられ居り御案内申上候処、一々御懇に御尋ね下され、中には疵所に寄り、見兼候ぐらいの者共多分これあり候処、逐一御覧の上、御親切に御労り下され候につき、皆々落涙にて御礼申上げ、その余御長屋の親類寄辺の者へ罷り越し居り候者、これあるにつき、俄かにその所まで入らせられ、病床にてそれぞれ御懇の御尋ねこれあり。皆々有難く存り奉じ候。

二十日には夕、御老若方、手負共の為に、御見舞御出の御達しこれあり候処、俄かに上様御出直ちに、御尋ね御労り下され候処、高津忠三郎手負の内に罷在り、幕兵のつたなきを始め、存分申上候由外、誰あって有難く存じ候者もこれなく、陰にて口々悪口申し候由、後に忠三郎少し快方の節、和田倉御屋敷へ罷り出、申し上げたき義これある由につき、拙者同道罷り出候処、戦争の様子を申上げ、上様（慶喜様御事）は誠に腰抜けに御座候、所詮当てに相成らず候間早く御国へ御下向にて五千の兵を御募り遊ばされ、四境を御固め遊ばされ候外、これなき趣、遮って申上げ候て退下せり。

その節御沙汰には、手負の処おして罷り出候段、奇特につき、何か遣し候様仰せにつき、鶏卵下され取計い候。尤も御下向の義は、始めよりその思召在りなされ、御刀番仮役相馬繁へ御駕籠方判仰付けられ候処、差し当り御召しこれなく、古御駕籠御払下げを上田学太輔引受け戴き置き候、切り棒の駕籠これある趣申し上げ候。

○宰相様御一騎御供にて御東下遊ばされ候趣、若殿様御承知遊ばされ、御手許より望月弁次郎外五、六人御登りさせに相成り候につき、十七日に着致し、頭にては有泉寿彦着致し候につき、大坂より修理一同出起の都合を始め、委細に演舌致し候処、加様の時節、尤もの旨申し聞き候。

○この度御東下遊ばされ候処、早速懸け付け、その後御用繁多に相勤め候につき、御内々金十両（克吉七両周吾五両）下さるの旨、御用人荒川善蔵を以て仰せ付けられ、なお右につき厚き御懇の御意の趣、同人口上にて申し聞き候。

○この度、大坂城令御知りこれなく御立退き遊ばされ候については、御家来共の内には沸騰致し、中には宰相様御隠居、若殿様御交代御登り遊ばされ候しかるべきなど、種々議論を生じ候やの処、御立退の義は慶喜様への御義理合にて君臣の御諫止を得らせられず、さりながら御家来へ御対遊ばされ候ても、御面皮あらせられず、御退隠も遊ばされたき思召にて、御後悔千万すでに御家老（萱野）権兵衛、（内藤）介右衛門二十一日の夜に入り、帰着致候につき、その趣御承知遊ばさると直接召させられ、厚御申訳の上、御慰労下され、退下致し候えば、御下しの御酒御肴等下され、およそ御手厚を尽くさせられ、その後御家老始め各隊まで段々着致し候ても、右に準じ御手厚く毎度品川まで御迎えの御使下さるを始め、御丁寧に御申訳け着の上には、一統軽々まで召出され御懇の御意これあり候事。

（逃亡した容保に対する批判が沸騰し始める。どうけじめをつけるのか、重臣たちには頭の痛い問題だった。そこで浮上したのが容保の引退、若君の昇格である。これだけの大敗となった以上、容保の責任が避けられない雲行きとなった）

○藤堂家より御使を以て御申訳には、過日山崎関門に於て弊藩人数発砲致し候段は、全く官軍より迫られ拠りどころなき場合に至り、筒先を上げ御人数の上を越し候様に誠の御申訳までに打ち候やの処、御人数御屯所へ玉落候由にて、さりとは御申訳も御座なき次第、右に付いては御藩にては当地屋敷御焼討に相成り候と申す説承り候につき、右御申訳申し置かれ候由、その後上野御門主様を以て公辺へ御申訳仰せ上げられ候えども、なお又右御申訳の御頼みこれある由にて、御門主様より御使僧を以て仰せ遣わされ候。

○御東下、早速阿部豊後守様（旧御領白川、兵庫開港の節棚倉へ国替隠居仰せつけらる、ただし老中御勤中）御出られ、悴（阿部正静・棚倉藩主）罷出、当時の形勢これを伺うべき処、いまだ幼年につき拙者罷出候間、御逢い下されたき旨仰せ入られ候につき、御逢い遊ばされ候。

兵庫開港につき御慎の処、旧冬御免にて、御出府の由也。牧野越中守様（笠間城主大坂御城代）には御東下に相成り、御登城御差しむかえ入り、松平伊豆守様（参州吉田の城主）には御伺に相成候処、御参府に及ばず御在所表、厳重御備成られ候様御達しの由。

○二十八日夜に入、仲ケ間共着致し候につき、御座四の間に於て同役奥番安藤監治、丸山主水、馬場惇二へ面会、斯々の次第にて罷下り、右に付、何分御話致し兼ねたりと拠りどころなき次第柄逐一に話し候えば、監治申候には出起の節、御家老方へ申候やと申すにつき、列席の座にて申達し候旨、申せば始（神保）修理より承り候節申達し、しかるべしと申すにつき、申したきは存分なれども、上様への御都合在らせられ極めて機密の義にて御口留遊ばされ候由なれば何分申し述べ難く、何れ御逢いを申上げ、その上には兎角決心もこれある義の処、図らずもこの度の御都合に至せられ残念の趣、答え候えば、又申すには御立退に相成り、すでに出起を致し候場合、仲ケ間へも知らせざるは情実に違い候と申すにつき、申し候は御家老方へ罷り出候節、右様の義は決してこれなき筈、他へ洩れ候ては宜しからざる旨申され候故何分申し難く、かつ金子忠之進は始め一所に居り、御起ちを承り候とすぐさま休息所へ入り候間、定めて早速御承知に候わんと申し候えども、一向に承知致さざる趣申し候（後、忠之進にこの事承候処、監治は先生の事なり、早速申候趣申候）。

又監治申し候には、御船へ乗られざるにつき天保山へ戻り候ば、情実に於てぜひとも立戻り聞かせくれ候て当り前と、頻りに申し張り候につき、答え候は君側を勤め罷り在りながら、御一騎立にて御供遊ばされ候を承り候ては、寸刻も先を急ぎ候事にて、中々一歩も後へ戻る候所存少しもこれなく、常今日は情実を加え相勤居候えども、加様の節は、情実へかかわり居り候時節共存ぜず候故、天保山より御家老方へ書状にて申達し候間、定めて御承知成られ候義と存じ候。

（神保修理と浅羽に対する批判は一段と強くなった。天保山から軍艦開陽丸が出帆した段階で、大坂城に戻り、みなに説明すべきではなかったかという批判であった）

御城へ戻り候て筋を以て届け、又差図を受け出起ちなどと申すに成り候ては、御手元方御一同、只今ならでは着き難く致し、尤も御手元方も君の御起ちと申すを御承知ならすぐさま御出起かとも存じ、右故、断然決心し、出起ち致し候段、申し候えば、又々監治申し候は、段々次第柄承り候えば誠に御立派なれども、自分共はつまらぬ者と申すにつき答え候は御手元方には今日の常格を守られ、拙者は権道（臨機応変の計らい）を以て致し候事にて、形の上には如何にもそれ古語にも直き事、その内にありと申す事もこれあり、心中に於ていささか如何の事致し候とも、存ぜざる段申し候えば何れにも隔意の趣申し候につき、何廉隔意に候や、存分論じくれ候様、拙者も存分御議論致すべしと申し候えども、何の吐け口もこれなく別れ候。

丸山主水、馬場は始終無言に罷り在り候。その後克吉、周吾へも無沙汰に出起ち致し候段、情実に違い候などと色々申し候由の処、権道を以て致し候段申し候えば、ここを以て強いて吐口も申さず候由。

それより奥番一同、拙者の噂の義表向申立ての由、尤も修理一同下り候故（修理、大坂御城中にて御老若方へ御東下の義申候事有の由）、世上にて沸騰し、修理と同腹にて御東下を醸し候などと、色々誹評致し候由につき、いささかも後暗き事これなく、かつ頭へも委細演達し置き、明白なる事なれども、仲ケ間ども着し致し候ては、かれこれ申立ち紀州滞留中も種々申触し候やに相聞え、世上にては益々疑惑を生じ候由。

右に付ては拙者の噂ばかりにこれなく、御君徳へも関係致し候事故、紙面に認め、この度大坂城御立退に付ては右御東下を醸し候などと世上評判も御座候やの由伝承仕り候。右体の義は上は神に誓い毛頭御座なく候。その節に至り神保修理より御東下の御様子承り候につき、万一右の御都合の節は、存分申し上げ候（と）心得候処、疾く御起ちにも成らせられ候事にて、右様の評判受候ては相成らざる義に御座候処、紙面にては何分認め兼ね候間、御尋ねも御座候わば明細申上げたき趣認め、頭有泉寿彦を以て二月朔日頃か紙面差し出し候。

その節、又々寿彦より尋ねにつき、監治との懸り合一々申し述べ候。右の都合故、御軍事奉行倉沢右兵衛大坂より引揚着につき、右の委細、相話し候えば、倉沢申すには、拙者もその節、大坂御用部屋口に罷り在り候えども、宰相様には右様の御思召は必至と入らせられず候処、上様の利口喋々と仰せられ候を恐れ乍ら何分御留め遊ばされ兼ね、全て上様の思召より出候事にこれあり、かつ修理が一旦申上候とて加様に相成り候と申訳には毛頭これなく、上様の思召これあり候処へ申し上げ候とて、かく慎みなど仰せ付られ、神保父番仰せ付けられ置き候。誠に気の毒成りし義と申し候。

○二月九日梶原平馬、内藤介右衛門御前へ罷り出伺いこれあり。退下しすぐさま拙者召させられ、御人払の上御沙汰には、その方噂の義も節しかつき候、しかし修理と違い、格別の事にもこれなく、安藤などは遅く戻りながらかれこれと申し立て候は甚だ如何などと種々御懇の御沙汰につき、申上げ候は義の当然と存じ致し候事に御座候、それが違い候て、御所当の向候は止むを得ざる事に御座候趣、かつ御懇の御礼申し上げ候。

それより庭へ出ずべしとの御沙汰にて御随行、御馬場へ入らせられ、手を取らせられ、御翔け事など遊ばされ退下（致）候。

○十日よりは風邪と称し、上田八郎右衛門御長屋へ引移り居り候（これまでは御殿小書院御縁に詰切居り、上田借の御長屋は表東北面也）。十一日は引番に候処風邪を申立て、丸山主水に頼み候。

しかるに昼後に至り馬場淳二義不勤につき泊番例刻へ罷り出候様申し来り候につき、八ツ半時（午後三時）罷り出候処、すぐさま御前へ召出され御懇の御意あり。

○十二日朝御目覚の義申上げ、今朝は酒井雅楽頭様御逢として御出の筈に御座候間御早く御昼成り候様申上げ、最早代り合も出候につきこれが御別れと存じ退下致し候。

○十三日思召これあり、会津へ差下され候間、急速罷り下り、御沙汰これあり候まできっと慎み罷り在り候様、仰せられ候御書付頭より相渡され候由にて、同役丸山主水義御長屋へ罷り越し相渡し候につき、畏れ奉り候旨御請けし同人を以申し上げ、同日暮合出起ち下谷広徳寺片峯保介（右寺中仏心院）下宿へ一泊、十四日早朝出起ち、十八日夜会津へ着致し候（ただし十四日栗橋十五日鍋懸け十六日白河十七日牧の内泊り）。

○十九日帰着御届致し候。しかるに過ぐる九日、極密御沙汰には、大坂より下りし節、御宸筆無届けにて江戸まで持参の廉節につき、御所当に相成り候との仰せにつき、かく乱世の時に当り、義の当然と決心の上致し候事にて、如何様仰せ付けられ候えども、元より覚悟の事故、少しも懸念これなく下り候処、江戸表よりの来書、殿様へ言上には（宰相様四日御隠居願済み若殿様御家督、殿様と唱え奉る）修理と度々密談に及び同服顕然のかどもこれあり、かつ御宸筆無届に持参致候段立場に応ぜず、これによって御所当仰せ付られ候旨、申し来り候趣、極密に知らせくれ候者これあり候。

右御立退一条についてはかくまで心配致し候処、只これまでの事水の泡となるのみならず、却て裏はらに相成り実に驚入り、左候ては全く家名へ疵付け候事にて必至と、相済まざる事と決心、御家老筆頭高橋外記へ町野左司馬を以て、左の書取り差し出し候。

その大略は私儀思召これあり、会津へ差下され謹慎罷り在り畏み入り奉り候。しかるに斯々の（右へ認通故略す）次第にて罷り下り候処、仲ケ間共私噂の義品々申し立て候由に御座候えども、外勤と違い仲間も君側を勤めながら大坂出起ちの節、何とか致方もこれあるべきの処、一統の御人数並に致し船中は、これ又やむを得ざる事なれども、三州吉田より上陸致候ては、神保内蔵助などには同船に候えども、吉田より早追にて疾くに着に相成り候。よっては仲ケ間共とても早追にて、寸刻も急がざるに候ては、必至と相成らざる処、左はこれなく外、御人数並みに致し、あまつさえ品川へ着候ては髪月額を始め、中には衣服等整え身拵えなど致し、夜に入り寛々着致すと申すは、勤柄にも似合わず、余り成心根と存じ候。

私儀御宸筆御届なしに持参致し候段は誠に恐入候えども、兼ねて奥番へ御任かせ置かれ候につき、御大切と存じ候上より一番に心付け持参致し、御船へ乗付されず天保山へ戻り候ても、すぐに江戸までと志し候には御座なく、紀州由良へ志し候処、翌日の風合にて評議の上模様を替え、東海道より下り候事にて、この御品の義は実に心配仕り、途中紛失致候か又は取落ちにても仕り候ては、割腹の上、御申訳仕るべき事に御座候処、まず以て少しも早く御側へ差上げ、この度の御取成し、御一類様始めへ御願にも第一の御品に相成り候。

尤もこの節すべて混雑にて、第一御大切の御代々御霊神様すら京都敵地へ御残しに相成り、それ故二月十日忠恭様御祥忌御講中の間御拝も御延引と相成り、これ等は預る役に如何御座候や。

すべてこの度は破格の事共どもにして、多く商人あるいは乞食に身をやつし、探索致し罷り帰り候者、御前へ召出され、御直かに御尋遊ばされ候事も皆この節の破格の御事と存じ奉り候。

何とぞ右条々御推察下されたく、右申上候義は御所当御弛め下されたしと、申上候様にも相聞き候えども、決して左様の意には御座なく、何とぞ罪状を御顕し下されたく、内々嘆願奉り候。

右の書、内坐にて町野左司馬差出しくれ候処、外記申し候にはこの義は江戸表より申し来り候事にて、今、ここ元にて何分取計い兼ね候間、なお近々には宰相様にも御下向にも相成り候間、思召もこれあるべく、なお差含居るべき旨申し候由。又、頭有泉寿彦帰着の由承り、右御家老へ内達の主意を認め、これ又内々一類石山新五兵衛を以て差出し候処、有泉申し候には、江戸表にて承知致し候通りに候。

その節も御家老へ演達致し候処、御家老申すには修理へ関係致し候訳にはこれなく、御宸翰持参致し候廉の趣、申され候。右に付いては仲間共申立て候廉も御座候えども、御目付へ成りとも転役仰せ付け下されたき趣、申し候えば、今御所当向き居り候処、何分左様にも相成り兼候由、申され候につき、仲ケ間共の都合整えたく、奥番小室金五左衛門へ談事候処、浅羽には懇意に致居候えども、安藤とは合口にこれなく、何分整え兼ね候わんと申し候か、終にかくの都合に至候。この節は風邪にて不勤罷り在り候間、なお出勤の上、早速演舌致すべしと内々申し候由。

◯宰相様御下向、二月二十二日御着城遊ばされ候。二十六日御城当番頭より一類罷出候様申し来り候につき、井ノ口隼人罷り出候処「思召これあり当務召上げられ小普請閉門仰せ付けられ候旨御意候」、右の御書付、頭より相渡され候。閏四月二十七日、御目付所へ一類呼出しにつき、井ノ口隼人罷り出候処、閉門御免成られ候旨、仰せ付けられ候。

しかるに拙者噂の義、世上、益々疑惑を生じ、尤も御所当振にては我身ながらも、上にも如何様の御疑これありやも計り難く、恐れ乍ら宰相様御噂などをも婦女子までも内々申上げ居り候やにも相聞え、かたがた残念至極、かつ御国勢次第に切迫に相至り御所当にて小川庄へ遣わされ候者すら、御免にてそれぞれ御用をも仰せ付けられ候節、加様の小普請の身にて慎み居り候様にて、上へ対し祖先へ対し何とも一分相立たず、この世に生き長らえ居り候詮もこれなしと決心致し、七月十七日の夜、御家老萱野権兵衛へ罷り越し、逐一明白にせんと紙面にて御逢い下されたく、その上一言申上候義、叶え候わば死す共更に遺恨無く、御座候間、この節柄、非常破格の御権道を以て夜中深更なりとも、御内々御逢い下されたき趣、悴を以て申遣し候処、明晩五ツ時（午後八時）罷り越し候様返答これあるに付、十八日夜、右刻限罷り出候処、今日午後七ツ時（午後四時）御下りにて、俄に福良へ御出張の趣、取次ぎ申すにつき帰宅致し、右につき翌日梶原平馬へ右同様申し遣し候処、この四、五日の間は御用向繁多にて夜中も遅く下城に相成り候間、なおこちらより申遣すべく、その節罷り越し候様、返書にて申越し、悴へ硯並に筆を与え呉らる（時十四年幼年に付て也）。

いよいよ切迫に至り心痛の余り、桑名様越後より御引上げ若松へ御立退、五の丁興徳寺御寄宿につき、御用人三宅弥惣右衛門へ紙面にて参りくれ候様申遣し、早速参りくれ候処にて、右の趣意相話し、越中守様より宰相様へ御執成下され候様にと、厚く委頼致し候えば、三宅申すには至極御尤も今この節一人にても只に差置かれ候事にはこれなく、私藩にては御家老共は自分の家来を上へ差上げ、一僕にて凌ぎ居り候くらい也。

なおこの趣は申上ぐべしと申候。それより参りくれ申すには越中守様より仰せ上げられ候処、決して修理へ関係の訳はこれなしと仰せられ候につき、篤と御申上げに相成り候との事に候。

しかるに二十八日、西方面（越後口）敗れ、大切迫につき宰相様俄に西（野沢へ）へ御出張と申すに相成り、その節、御目付より詰所に罷り出候様、申し来り候につき罷り出候処、遊軍隊士中組仰せ付けられ候旨、頭は一柳翁介御軍事奉行にて遊軍隊を持ち候由也。

よって出張の義、承合候処、今晩にも出張計り難き趣につき、左候ては討死は覚悟の事にて、折角存詰の義、只空しく相成り候も遺恨と存じ、平馬に面会、一応申さんと申込候処、御用これあるにつき暫らく控え候様との事にて、夜半過ぎまで待ち居候えども何分面会成兼ね、しかるにとても今晩の出張はこれなしとの事につき、なお御軍事奉行鈴木丹下へ面会、逐一相話退下致し候。

○翌二十九日早朝、平馬宅へ罷り越し面会の上、大坂引上げの都合等一々相話もかつ私の御所当振りにては、修理へ関係の様にも存じられ、世上にても専らその噂致候につき、その辺までも話承り候処、答には決して左様の訳にはこれなく、関係致し候ての事なら、修理同日に御所当これある筈（修理二月十三日思召有之との御意にて三田御屋敷に於て切腹仰付けられ候、その実大坂より御東下を醸し候と申世上沸騰の廉の由也。誠に可惜人也。世上にて只々沸騰故終に如斯之難に至れり。この人世にあらば旧君の御為疑なし。返す返すも惜に余りあり兄弟をも失う如し）。これにて関係致さざるは明白也。

（浅羽は神保の無罪を知っていた。神保はまったく独断で戦場を捨て、主君を追った訳ではなかった。本来、容保が自らの非を正式に認め、神保に責任なしとかばうべきであった。この一件で容保に対する家臣団の信頼はひどく落ちた。容保は全身全霊を尽くして京都守護職を務めたが、部下を救えなかったという意味で、自らの業績に汚点を残したように思われる。主君の責任とつらさである）

ただ御宸筆を無届に持参致し候廉にて、兼て御任かせに相成り居り候。以上より持出候義は宜しく候えども、御船へ乗付られず天保山へ戻り候わば御城へ戻り、皆共へ納め候てしかるべし、天下に二つと無き御品を持参致し、万一失い候ては如何と申すにつき、申し候は敢て各衆方を軽蔑致し候所存には毛頭御座なく、天保山より紀州由良へ廻り、これより乗船致す心得の処、風合悪しく終に東海道を下り候。

御宸翰、途中失候わば、割腹して御申訳致さんと持参仕り候。右等の情実御推察下されたしと申し候えば心根に於ていささか如何の事にもこれなく、されども形に顕れ候処を以て、斯様に御所当にも相成り候。今日は御人数配りにて某参り居り候。

最早、謹慎御免に相成り候上は、今晩なり明朝なり参り候様、その節委しく承るべしとの事につき、罷り帰りその四ツ時（午後十時）頃時刻を計り罷り出候処、いまだ御城より下りに相成らず、翌朝罷り出候処八朔（八月一日）にて豊岡御社へ御名代罷り出候由につき、数度罷り出候えども御用多の由につき、追って罷り出候趣申し置き、そのまま罷り越さずになりぬ。

参考文献

『覚書 幕末の水戸藩』山川菊栄（岩波書店）
『明治維新のころ』朝日新聞社編（朝日新聞社）
『水戸市史　中巻（四）』水戸市史編さん委員会編（水戸市役所）
『天皇家の歴史』ねずまさし（三一書房）
『幕末の宮廷』下橋敬長著・羽倉敬尚注（平凡社）
『幕末 非運の人びと』石井孝（有隣堂）
『旧皇族が語る天皇の日本史』竹田恒泰（ＰＨＰ新書）
『勝海舟』松浦玲（中公新書）
『氷川清話』勝部真長編（角川文庫）
『大西郷全集』（大西郷全集刊行会）
『幕末政治家』福地源一郎（平凡社）
『咸臨丸航海長 小野友五郎の生涯』藤井哲博（中公新書）
『防長回天史』末松謙澄（柏書房）
『幕府歩兵隊』野口武彦（中公新書）
『高杉晋作全集』堀哲三郎編（新人物往来社）
『大久保利通伝』勝田孫彌（マツノ書店）
『維新の内乱』石井孝（至誠堂）
『大久保利通』毛利敏彦（中公新書）

『昔夢会筆記』渋沢栄一編（平凡社）
『戊辰戦争』保谷徹（吉川弘文館）
『高杉晋作と奇兵隊』田中彰（岩波書店）
『明治維新とイギリス商人』杉山伸也（岩波新書）
『徳川慶喜公伝』渋沢栄一（平凡社）
『薩藩出軍戦状』日本史籍協会編（東京大学出版会）
『岩倉公実記』多田好問編（原書房）
『七年史』北原雅長（啓成社）
『松平春嶽全集』（三秀舎）
『会津戊辰戦争史料集』宮崎十三八編（新人物往来社）

あとがき

鳥羽伏見戦争の大将が、徳川慶喜だったことは、会津藩にとってきわめて不幸なことだった。正月五日、慶喜は大坂城で、「一騎となるまで戦え」と大見得を切った。その人がすたこらと逃亡してしまったのだから、徳川家の歴史の中でこれほどの虚言はなかった。

渋沢栄一が編纂した『昔夢会筆記』という慶喜の放言集がある。大坂城をなぜ引き揚げ、江戸に逃げ帰ったか。慶喜はこう弁明する。

会津藩の神保修理に会ったところ、「事ここにいたっては、もはや詮方なし。速やかに御東帰ありて、おもむろに善後の策をはかるべし」といった。自分はたとえ刺し殺されても、会津と桑名藩を国元に帰し、朝廷に粉骨砕身、お仕えすると懇願すればよかったのだが、会津と桑名を諭すことが出来ず、「いかようにも勝手にせよ」といってしまった。これは大失策だった。

そこに神保の建言があったので、その説を利用して帰国しようと考えた。その事は秘めておいて、諸隊長を大広間に集めて、「この上は如何にすべきか」と尋ねた。皆、異口同音に「早くご出馬なさるべし」といった。

戦況は相当に悪そうだった。板倉勝静と永井尚志を別室に招いて「江戸に帰る」と伝えた。

再び大広間に出ると皆が早く出馬せよと迫ることしきりだった。「それではこれから出馬せん。

みなも用意いたせ」と命じた。一同勇んで持ち場、持ち場に退いた。

その隙に松平容保、松平定敬らわずか四、五人を従え、大坂城の後門から抜け出した。城門の衛兵には「お小姓なり」といって、別にとがめられる事もなかった。


気の毒なのは神保修理だった。本来、この問題の責任は主君、松平容保にあったはずだが、容保は修理を救うことはせず、切腹に目をつむった。修理は長崎に遊び、薩摩や長州にも理解を示した人物だった。結局、主君の身代わりになって自決した。斬殺されたという説もある。

このとき、まだ会津の将兵は前線で戦っており、それだけに怒りは激しいものがあった。修理の父は家老の神保内蔵助だった。修理はどちらかというと、非戦論であった。会津に敵が攻め込んだ日、内蔵助は切腹して果てた。無念の思いがあったのだろう。

修理の妻、雪子は城下の戦いに薙刀を持って参戦したが、敵に捕えられ、悲惨な死を遂げている。慶喜の不用意な発言と、かばい切れなかった容保の弱さが重なって、神保一族には、不幸な最後だった。

大作『七年史』を書いた北原雅長は修理の実弟である。戦後、長崎市長を務め、京都守護職時代から始まる会津藩の歴史をまとめた。これは神保家にとって大きな救いだった。

神保修理は不運だったが、鳥羽伏見の戦争で大きく名を上げた男がいた。

会津藩の若き武将山川浩（大蔵）である。

山川は慶応二年十月、幕府の外交使節小出大和守に随行。欧州とロシアを見聞し、慶応三年五月、帰国するとまもなく幕末の政変に遭遇した。帰国後は主君の公用人として日々、容保に仕えた。会津藩大砲隊が壊滅したとき、林、白井隊を合併して山川が隊長になり、再編制したが、慶喜の逃亡で、それもご破算になった。

大坂城はたちまち廃墟と化した。将兵は続々、江戸を目指して戻り、負傷兵はそのまま放置された。これを見た山川は、会津藩に限らず、全負傷兵の救出作戦を展開、負傷者を戸板に乗せ、徹夜で天保山沖の軍艦に運び、収容し、その後、会津の全隊を率い陸路、紀州路をたどり、江戸を目指した。しかし紀州藩も既に薩長軍になびき、城下に入ることが出来ず、由良港から旧幕府が雇い入れた米国汽船に乗り、江戸にたどりついた。

途中、船の都合でバラバラになり、まさに敗残兵としての情けない、帰国だった。

山川はこのとき、まだ二十代の前半だった。しかし、勇気と決断力、判断力は群を抜いており、帰国後は日光口で戦い、籠城戦では軍事総督を務めた。戦後は斗南藩の大参事として全体を統括し、その後、東京に出て陸軍に奉職し、東京高等師範学校校長も務めた。実弟が東京大学総長を務め、教育界の大御所といわれた山川健次郎である。

幕末、会津藩の将兵は足掛け六年、京都に駐在した。幕府の親藩として実力も兼ね備え、孝明天皇の信任も厚く、一時は飛ぶ鳥を落とす勢いだった。しかし、将軍慶喜の数々の不手際もあって京都を追われた。しかも朝敵という汚名がついてまわり、まったく徒労に終わった六年だった。

人生はさまざまであった。御三家は本来、徳川宗家を守る立場だった。しかし紀州も尾張も、たちまち薩長軍についた。会津が信条とする義は失われ、日本は長いものに巻かれろの国家に転落した。その始まりが鳥羽伏見の戦争だった。

平成二十一年春

星　亮一

著者紹介

星　亮一（ほし りょういち）

1935年、宮城県仙台市生まれ。岩手県立一関第一高校、東北大学文学部国史学科卒。歴史作家。

おもな著書に『偽りの明治維新』『偽りの日米開戦』（以上、だいわ文庫）、『会津籠城戦の三十日』『アンガウル、ペリリュー戦記』（以上、河出書房新社）、『幕末の会津藩』『奥羽越列藩同盟』『会津落城』（以上、中公新書）、『会津藩はなぜ「朝敵」か』『会津藩VS長州藩』『会津藩VS薩摩藩』（以上、ベスト新書）、『会津戦争全史』（講談社選書メチエ）、『戊辰の内乱』『彰義隊』『仙台戊辰戦史』『箱館戦争』（以上、三修社）、『山川健次郎伝』『後藤新平伝』（以上、平凡社）、などがある。

『奥羽越列藩同盟』で第19回福島民報出版文化賞を受賞、またテレビ出演でNHK東北ふるさと賞を受けている。

職歴・福島民報記者、福島中央テレビ局報道制作局長。この間、日本大学大学院総合社会情報研究科修士課程修了。専攻・日本近現代史。戊辰戦争研究会を主宰。

鳥羽伏見《とばふしみ》の砲声《ほうせい》　――徳川幕府終焉の舞台裏

2009年3月10日　第1刷発行

著　者　　星　亮一
発行者　　前田俊秀
発行所　　株式会社三修社
〒150-0001 東京都渋谷区神宮前2-2-22
Tel. 03-3405-4511
Fax.03-3405-4522
振替　00190-9-72758
http://www.sanshusha.co.jp/
編集担当　北村英治
印刷・製本　萩原印刷株式会社

ISBN978-4-384-04242-9 C0021